우리 고대로 가는 길

삼국유사

우리 고대로 가는
길
삼국유사

이경덕 지음
일연 원저

아이세움

일러두기

1. 본문에서 인용한 『삼국유사』의 내용은 김원중 본, 리상호 본, 이재호 본을 참조하여 다듬어 실었다.

2. 『삼국유사』 원문의 일연의 주는 문맥상 필요한 내용만을 인용하고 '— 일연의 주'로 명시하였다.

3. 원문 인용 속의 괄호 내용은 독자의 이해를 돕기 위한 필자 주이다.

일연의 일생을 녹여 낸 저작 『삼국유사』

우리는 늘 누군가 또는 무엇인가와 만난다. 그 가운데에는 그저 흘 끗 스쳐 지나는 사람도 있고 오랫동안 두고두고 만나게 되는 사람이나 그 무엇도 있을 것이다. 『삼국유사』를 본격적으로 보게 된 것은 작은 인연 때문이었다. '일연과 진존숙'이라는 비교적 짧은 글이 그 인연이었다. 이 글은 본문에도 소개해 놓았지만 일연과 진존숙이 어머니를 모신 이야기를 중심으로 일연의 삶이 간략히 소개되어 있는 글이었다. 이 글은 짧았지만 울림이 아주 웅장했다. 일연을 만나고 다시 펼친 『삼국유사』는 전혀 다른 모습으로 다가왔다. '일연과 진존숙'이라는 글을 쓴 사람은 일전에 세상을 떠난 서여 민영규 선생이다. 서여 선생은 일연의 또 다른 저작인 『중편조동오위』를 일본의 한 도서관에서 발견한 분이기도 하다.

고 민영규 선생은 '일연과 진존숙'이라는 글의 마지막에 일연과 같은 시대를 살았던 승려 원감의 시문집에서 뽑은 글을 써 놓았다.

화전민과 더불어 10년을 같이 사는 동안 한 번도 제대로 담근 장을 맛본 적이 없었다는 것, 하늘에 떠가는 무심한 구름을 보고도 그것을 쳐다보기가 부끄러워 고개를 숙인다는 참회의 기록이 나온다.

일연이 살았던 시대가 몽골의 침입으로 참담한 상황에 놓여 있었고, 일연의 마음이 원감과 다르지 않았음을 지적한 것이다. 안으로는 무신 정권의 파행적 정치, 밖으로는 몽골의 침입으로 격심한 변동을 겪고 있던 고려 13세기였다. 창건 이후 문을 숭상하는 고려 조정의 기풍은 980년대 이후로는 문신의 교만과 무신에 대한 문신의 멸시와 차별로 변질되어 갔다. 군사 지휘권도 문신의 몫이었다. 조정 문신들의 횡포를 참지 못한 정중부가 문신들을 처단, 의종을 폐하고 명종을 왕위에 앉힌 것이 1170년이었다. 이로부터 근 100년 동안 무신이 국사의 전권을 쥔 시기가 계속되었다.

무신 정권이라고 나아진 것은 없었다. 1196년 최충헌이 천민 출신의 이의민을 죽이고 집권한 이후 정치, 군사, 경제에서 최충헌 집안 4대에 걸친 권력 집중은 심화되었다. 신성불가침으로 여겼던 문벌 귀족이 무신의 난으로 여지없이 무너진 것은 평민과 천민의 봉기를 촉발시켰다. 최충헌의 사노비였던 만적이 봉기를 일으킬 때 한 말은 아주 유명하다. "왕이나 귀족, 장수와 재상의 씨가 따로 있는 것이 아니다. 때가 오면 아무나 할 수 있다."

1231년에 몽골의 1차 고려 침입이 있었다. 작은 불씨 하나가 삽시간에 초원을 불사르는 기세로 몽골은 아시아 전역과 유럽을 제패하고 고려를 압박해 온 것이다. 최씨 정권은 도읍을 강화도로 옮겨 항쟁의 뜻을 펼쳤다. 사실 무신 정권의 몽골 항쟁은 빛좋은 개살구 같은 것이었다. 본토는 산간벽지까지 짓밟히지 않은 곳이 없을 지경이었다. 몽골의 침입은 6차례나 계속되었다. 고려 왕실은 1270년이 되어서야 개경으로 환도했다. 이후 원의 내정 간섭은 80여 년 동안 이어졌고, 조정에는 원에 아부하여 벼슬을 얻고 치부하는 관리로 득실거렸다.

아주 개괄적으로 살펴본 일연이 살다간 13세기 고려의 모습이다. 여든네 해를 살아 수를 누렸다 할 일연이 국사가 된 것은 78세 때였고, 그나마 그해 낙향하여 노모의 임종을 지켰다. 불교는 고려의 국교였고, 고려 시대에 승려의 지위는 높았다. 교리가 높은 승려는 '왕사'나 '국사'로 임명되어 왕에게 정치적 조언을 하였다. 얄팍한 아첨으로 권력의 단물을 쉽사리 맛볼 수 있는 시대였지만, 일연은 늘 외곽에 머물러 있었다. 소란의 중심에 있는 사람들은 종종 핵심을 놓치는 경우가 많다. 일연은 어지럽고 고통스러운 13세기를 관통하면서 백성들의 삶을 누구보다 잘 알고 있었다. 문벌 귀족과 무신 정권에게 짓눌리고, 그것도 모자라 몽골의 말발굽에 처절히 짓밟힌 백성들에게 필요한 것은 민족의 자존감을 높이는 것이었다.

일연은 우리 국토 전역을 돌아다니지는 못했지만, 자신이 거쳐 간 곳의 역사와 이야기 들을 소중히 거두어 들였다. 그리고 고희의 나이를 넘겨 자신이 남길 수 있는 유일한 작업에 심혈을 기울였다. 그것이 『삼국유사』인 것이다.

일연의 삶이 나에게 숙연한 감동을 주었고, 그로 인해 『삼국유사』를 새롭게 보게 되었듯이, 이 책을 볼 독자들도 그러기를 바라는 마음에서 일연의 삶을 1장에 배치했다. 그것이 『삼국유사』를 바로 보는 첫걸음이 될 것임을 확신한다.

2장에서는 『삼국유사』 원전의 전체 모습을 순서를 좇아 살펴보았다. 130여 개의 기사를 9개의 편목에 나누어 실은 전체를 살펴봄으로써 일연의 편찬 의도를 갈음한다.

3장에서는 『삼국유사』가 가지고 있는 가치에 대해 다루었다. 『삼국유사』는 전문 사관이 아닌 승려가 쓴 역사책이라는 점에서 가치와 한계를 한꺼번에 갖는다. 하지만 아이러니하게도 그러하기에 지금 우리에게 남긴 유산의 깊이와 폭은 헤아릴 수 없을 정도로 크다. 우리가 알고 있는 옛 이야기 중 많은 수가 『삼국유사』에 수록되어 있고, 고대 신라의 통속 가요라 할 수 있는 향가 14수가 실려 전해지는 곳도 『삼국유사』이다.

『삼국유사』는 대대손손 퍼올려도 마르지 않는 우물에 비유할 수 있다. 역사학자, 민속학자, 불교학자, 미술사가, 국문학자 등 다양한 분야의 학자들이 『삼국유사』에서 우리 고대 세계를 발굴해 내고 있다. 이 책을 읽을 독자가 누구이든 일연이 생애를 바쳐 판 깊은 우물물의 감동을 잊을 수 없을 것이다. 나 역시 그러했기에, 일연과 『삼국유사』

와 인연을 맺게 해준 고 민영규 선생, 선생의 제자이며 나의 선생이
신 인류학자 조흥윤 선생께 고마울 따름이다.

2006. 4.

이경덕

차 례

1

일연을
만나다

일연의 발자취

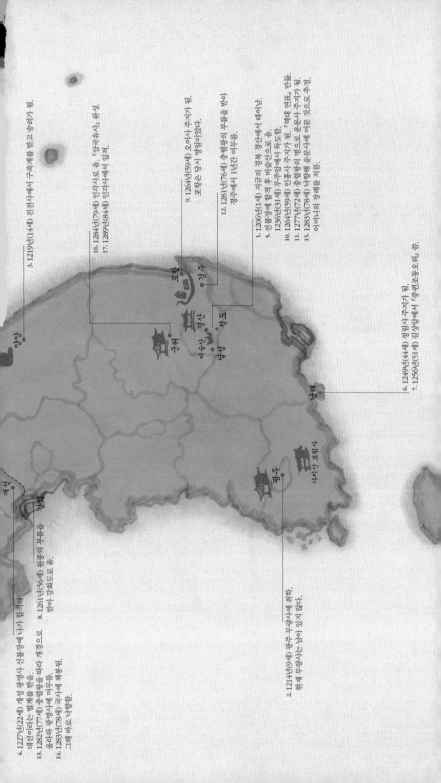

4. 1227년(22세) 개성 광명사 선불장에 나가 합격해 대선이라는 법계를 받음.
13. 1282년(77세) 충렬왕을 따라 개경으로 올라와 광명사에 머무름.
14. 1283년(78세) 국사에 책봉됨. 그해 바로 낙향함.

8. 1261년(56세) 원종의 부름을 받아 강화도로 옴.

3. 1219년(14세) 진전사에서 구족계를 받고 승려가 됨.

16. 1284년(79세) 인각사로 옴. 「삼국유사」 완성.
17. 1289년(84세) 인각사에서 입적.

9. 1264년(59세) 오어사 주지가 됨. 포항은 당시 영일이었다.

12. 1281년(76세) 충렬왕의 부름을 받아 경주에서 1년간 머무름.

1. 1206년(1세) 지금의 경북 경산에서 태어남.
5. 신불장에 합격 후 비슬산으로 옴.
10. 1264년(59세) 인홍사 주지가 됨. 「역대 연표」 만듦.
11. 1277년(72세) 충렬왕의 명으로 운문사 주지가 됨.
15. 1283년(78세) 낙향해 운문사에 머문 것으로 추정. 어머니의 장례를 치름.

6. 1249년(44세) 정림사 주지가 됨.
7. 1256년(51세) 김장암에서 「중편조동오위」를 씀.

2. 1214년(9세) 광주 무량사에 위탁. 현재 무량사는 남아 있지 않다.

포항
경주
비슬산
경산
청도
남장
개성
강화
가지산 보림사
광주
운문

출가와
승과 합격

　　일연一然은 1206년에 태어났다. 1206년은 세계사에서
도 큰 의미가 있는 사건이 일어난 해이다. 그것은 바로 칭기즈칸이
몽골을 통일한 일이다. 칭기즈칸의 몽골 통일은 앞으로 일어날 세계
적인 사건을 알리는 큰 북소리와 같았다. 그리고 고려와 일연의 삶에
큰 그림자를 드리우는 사건이기도 했다.

　일연이 태어난 곳은 압량으로 지금의 경상북도 경산이다. 압량 출
신 가운데에는 신라 3대 고승의 하나로 꼽히는 원효가 있다. 신라의
3대 고승은 원효(617~686)를 비롯해 의상(625~702)과 자장(590~658)
인데, 이들은『삼국유사』에서 자주 등장하는 승려이기도 하다.『삼국
유사』를 보면 일연은 원효를 각별히 대접한다. 원효는 신라의 불교
대중화에 힘쓴 훌륭한 승려였으므로, 고려 후기 불교를 새롭게 일으
키려 노력한 일연에게 남다른 의미가 있었을 것이다.

일연이 세상을 떠난 것은 1289년이었다. 13세기를 꽉 채워서 살았다고 할 수 있다. 일연은 『삼국유사』의 산실이라 할 수 있는 현재 경북 군위에 있는 인각사에서 세상을 떠났다. 승려가 세상을 떠나는 것을 입적入寂 또는 열반涅槃이라고 한다. 입적은 고요하고 평온한 세계로 들어간다는 의미로 불교의 세계관을 잘 보여 주는 말이다. 일연은 13세기라는 소란스럽고 거친 시대를 뒤로 하고 평온한 세계로 입적했다.

　일연은 『삼국유사』만 남긴 것이 아니다. 『중편조동오위』라는 책도 쓰고 그 외에 전해지지 않는 많은 책을 썼다. 또한 몽골의 침략기라는 어려운 시대를 살다 간 큰 스승으로서 남긴 발자취가 우리의 역사 위에 단단하게 찍혀 있다.

　일연이 태어나기 전에 일연의 어머니는 태몽을 꾸었다. 밝은 해가 집으로 들어와 사흘 동안 배를 비추었다. 그리고 아이를 임신해서 낳으니 일연이었다. 이 태몽은 고구려를 세운 주몽의 탄생 신화를 떠올리게 한다. 주몽의 어머니 유화가 방에 있는데 햇빛이 방 안으로 들어와 유화의 배를 비추었고 그 이후 임신을 해서 낳은 이가 주몽이었다.

　일연의 성은 김씨였고 이름은 견명見明이었다. 견명은 빛을 본다는 뜻인데 아마 태몽과 연관이 있을 것이다. 일연의 두 번째 이름은 승려가 된 뒤에 얻었는데, 회연晦然이었다. 여기서 회는 달이 없는 그믐을 뜻한다. 그러니까 어둠을 상징한다. 어릴 때 이름에는 밝음이 있고 불가에서 얻은 이름에는 어둠이 있다. 그래서 늘그막에 얻은 일연一然이라는 이름이 밝음과 어둠을 하나(一)로 조화시켰다고 말하는 이도 있다.

옛 사람들은 이름을 여럿 가졌다. 자字라고 부르는 것이 있고 호號라고 부르는 것이 있다. 자는 본래 이름 대신 부르는 이름으로 결혼한 다음에, 다시 말해서 성인이 된 다음에 주로 쓴다. 호는 이름이나 자 이외에 부르는 또 다른 이름이다. 일연의 경우는 본명이 견명이고 호는 목암이며 자는 회연과 일연이다. 그리고 죽은 뒤에 받은 시호諡號는 보각普覺이다. 보각국사 일연이 입적한 인각사에는 보각국사 탑과 비가 남아 있다.

일연은 아버지를 일찍 여의었다. 그리고 아홉 살(1214)이라는 어린 나이에 집을 떠났다. 아홉 살짜리 아이 일연은 어머니의 손을 잡고 경북 경산에서 전라도 광주에 있는 무량사로 갔다. 경산 부근에도 절이 많이 있었는데 굳이 광주에 있는 무량사로 간 이유에 대해서는 전해지는 것이 없다. 다만 어린 나이에 먼 길을 가야 했다는 것은 일연이 살아야 할 고단한 삶을 상징하는 일이다.

일연은 광주 무량사에서 열네 살 때까지 지냈다. 일연의 행장을 기록한 비문을 보면 무량사에 취학就學했다는 구절이 있는 것으로 보아 승려가 되기 위해 무량사를 찾은 것은 아니었다. 그러나 무량사에서 공부를 하던 일연은 열네 살 되던 해에 설악산 자락에 있는 강원도 양양의 진전사陳田寺라는 절에 가서 구족계를 받고 승려가 되었다. 구족계라는 것은 승려가 지켜야 할 계율을 가리키는데 구족계를 받았다는 것은 승려가 되었음을 뜻하는 말이다.

　진전사는 821년 통일신라 시대에 당나라에 유학했던 도의선사가 신라로 돌아와 불교의 혁신을 외치며 세운 절이었다. 당시 통일신라의 불교는 교종敎宗과 선종禪宗으로 나뉘어 있었다. 교종과 선종은 수행 방법에서 큰 차이를 보인다. 교종은 경전 연구를 중시하고, 선종은 좌선을 통한 심신의 도야와 득도를 수행의 중심에 둔다.

····
진전사는 신라 불교가 교종에서 선종으로 교체되는 시기에 지어진 사찰로서 그 위상이 자못 높았다. 절터만 남은 진전사지에는 국보로 지정된 삼층석탑만이 홀로 화려했던 지난날을 전해 주고 있다. 절이 사라진 것은 조선 시대의 폐불 정책 때문인 것으로 추정된다. 절이 없어질 때 승려들이 절의 연못에 범종과 불상을 수장하고 떠났다고 한다.

당나라에서 신라로 돌아온 도의선사는 "문자에 입각하지 않으며 경전의 가르침 외에 따로 전하는 것이 있으니 사람의 마음을 직접 가르쳐 본연의 성품을 보고 부처가 된다."는 말로 선종을 전파했다. 그러나 신라의 지도층에 선종의 교리는 받아들여지지 않았다. 도의선사가 신라의 수도가 있던 경주 부근이 아닌 설악산 골짜기에 진전사를 세운 것도 이 때문이었다.

도의선사의 가르침은 그의 제자 염거화상으로 전해졌고 다시 염거화상의 제자 보조선사 체징(804~880)에게 전해졌다. 보조선사 체징은 전남 장흥의 가지산에 보림사를 세우고 도의선사의 가르침을 전했다. 선종은 보조선사 시기에 이르러서야 신라 지배층의 지지를 얻게 되었다. 이후 신라에는 산을 중심으로 9개의 선종 분파가 형성되었다. 이른바 구산선문九山禪門 또는 구산문九山門이 그것이다. 보조선사가 세운 가지산의 보림사는 구산선문의 하나인 가지산문의 본산이 되었다.

일연은 도의선사가 설악산 골짜기에 진전사를 세우고 400여 년이 흐른 1219년 진전사를 찾아 승려가 되었다. 자연스럽게 가지산문의 승려가 된 것이다. 현재 진전사는 절터만 남아 있다. 국보 122호인 진전사지 삼층석탑이 홀로 남아 도의선사로부터 일연으로 이어진 긴 이야기를 전할 뿐이다.

그런데 왜 하필이면 전라도 광주에서 먼 설악산까지 찾아가 승려가 되었을까? 경상도 경산에서 광주까지 공부를 하기 위해 먼 길을 갔던 일연은 다시 먼 길을 더듬어 강원도 양양까지 찾아간 셈이다. 그때 일연의 나이 열네 살로 여전히 어린 나이였다.

그 까닭은 공부를 하기 위해 찾아갔던 광주 무량사와 가지산문의 본산인 장흥 보림사가 가까웠고 그 때문에 가지산문의 정신적인 고향인 진전사로 향했을 것으로 추측할 수 있다.

일연은 진전사에서 출가한 뒤 열심히 수행을 했다. 될 성 부른 나무는 떡잎부터 알아본다고, 함께 수행하던 동료들은 일연이 앞으로 최고의 승려가 될 것이라고 생각했다. 이는 비문에 전하는 말이다.

일연은 출가하고 8년 뒤 스물두 살 되던 해에 승려들의 과거 시험인 선불장에 나갔다. 당시 승려들을 위한 과거 시험은 교종과 선종으로 나누어 치러졌다. 가지산문에 속하는 일연은 당연히 선종의 과거 시험이 치러지는 개성의 광명사廣明寺를 찾았다.

일연은 주위의 기대대로 일등으로 합격했다. 고려 시대는 불교가 중심인 사회였다. 따라서 승려가 된다는 것은 매우 영광스러운 일이었고 그것도 선불장에서 일등으로 합격했다는 것은 일연 개인에게는 매우 뜻 깊은 일이었다.

그러나 화려할 듯 보이는 일연의 앞날에는 짙은 먹구름이 끼어 있었다. 몽골과의 관계가 악화되어 당장에라도 전쟁이 일어날 태세였다. 몽골의 사신이 압록강 밖에서 피살되고 그로 인해 고려와 몽골의 국교가 단절되었다. 일촉즉발의 상황이었다.

깨달음과
팔만대장경

　　　　　일연은 앞에서 본대로 경상도에서 태어나 전라도
에서 공부를 하다가 강원도로 가서 승려가 되고 수행을 했다. 그리고
승과에 합격한 뒤 다시 경상도를 찾았다. 일연의 발걸음이 머문 곳은
지금 경북 달성에 있는 비슬산이었다. 비슬산은 당시 포산으로 불렸
고 인근에서 가장 높은 산이었다. 또한 비슬산은 일연의 고향인 압량
에서도 그리 멀지 않은 곳에 있었다.

　대부분의 사람들은 과거에서 장원급제를 하면 가장 먼저 고향으로
달려간다. 그러나 출가를 하여 속세와 인연을 끊은 일연은 고향으로
돌아갈 수 없어 고향에서 멀지 않은 비슬산으로 찾아든 것은 아닐까?
수구초심首丘初心이라는 말이 있다. 여우가 죽을 때 머리를 자기가 살
던 굴로 향한다는 고사에서 나온 말로 누구나 고향을 그리워한다는
뜻이다. 일연 또한 어릴 때 떠난 고향이 그리웠을 것이다.

일연은 비슬산에서 무려 삼십 년 가까운 시간을 보냈다. 과거에 합격한 스물두 살 때부터 마흔네 살까지 지냈고 훗날 60대를 보낸 곳도 비슬산이었다. 그리고 일연이 깨달음을 얻은 곳도 비슬산이었다.

일연이 어디서 지냈는지 정확히 알 수는 없다. 비문의 기록에 따르면 비슬산 보당암이라는 곳에 거처를 잡았다고 한다. 그러나 비슬산에서도 여기저기 옮겨 다닌 흔적이 있다. 그것은 몽골의 본격적인 침입과 연관이 있다.

몽골의 침입은 1230년 이후 본격화되었다. 그 영향은 한반도 전역에 미쳤고 비슬산에 묻혀 있던 일연에게도 미쳤다. 경주에 있는 황룡사 구층목탑이 불탄 것도 이때다. 황룡사 구층목탑은 당나라에 유학했던 자장이 신라(선덕여왕 5년)의 부흥을 위해 세운 탑이다.

『삼국유사』「기이」편에 고구려가 신라를 공격하려다가 신라에 있는 세 보물 때문에 포기한다는 이야기가 나온다. 그 세 가지 보물이란 첫째가 황룡사 장륙존상, 둘째가 그 절의 구층탑, 셋째는 진평왕이 하늘로부터 받은 옥대였다. 이처럼 황룡사 구층탑은 나라를 지키는 상징물이었다. 그런데 황룡사 구층탑이 몽골에 의해 불타고 말았다. 게다가 대구 부인사에 있던 대장경마저 불타고 말았다. 고려가 팔만대장경을 간행하기로 결정한 것은 이런 사정 때문이었다.

한편 일연은 몽골군을 피하기 위해 지혜의 상징인 문수보살에게 기도하며 가르침을 원했다. 그러자 기도가 통했던지 벽 사이에서 문수보살이 나타나 일연이 가야 할 곳을 일러 주었다. "무주無住에 있어라." 이것이 문수보살이 일러 준 말이었다.

일연은 무주가 어디인지를 알 수 없었다. 그 말뜻을 알아낸 것은 다음 해 여름이었다. 묘문암이라는 암자의 북쪽에 절이 있어 무주라고 했다는 사실을 기억해 낸 것이다. 묘문암은 몽골 병사들의 눈을 피하기에도 좋은 곳이었지만 수행을 하기에도 훌륭한 곳이었다. 그리고 일연은 묘문암으로 거처를 옮겼다.

일연은 묘문암에서 "살아 있는 세계는 줄지 않고 부처의 세계는 늘지 않는다生界不滅 佛界不增"라는 『반야심경』에 나오는 구절을 화두로 삼아 수도에 들어갔다. 화두話頭는 공안公案이라고도 하는데, 불교의 수행자가 깨달음을 얻기 위해 정한 주제이다.

일연의 화두는 '이 세계는 누가 새롭게 만들 수도, 부술 수도 없고 새로 태어나지 않기 때문에 사라지지도 늘지도 줄지도 않는다. 그러므로 그 속에서 서로가 조화를 이루며 살아야 한다.'는 뜻으로 풀 수 있다.

그리고 그 해 1236년에 일연은 깨달음을 얻었다.

"오늘에야 삼계三界가 꿈과 같음을 알았고 대지에 터럭 하나만한 장애도 없음을 보았다."

일연의 말이다. 삼계는 욕계欲界, 색계色界, 무색계無色界를 가리킨다. 욕계는 다섯 가지 감각, 그러니까 욕망이 작용하는 세계를 가리키고, 색계는 욕망이 사라지고 물질적인 것만 남은 세계를, 무색계는 물질적인 것이 사라진 순수하게 정신적인 세계를 가리킨다. 이렇게 깨달음을 얻은 일연은 삼중대사가 되었다. 불교의 위계를 보면 과거에 합격하면 대선大選이라는 법계를 받고 그 이후로 대사大師, 중대사, 삼중대사三重大師에 오르게 되고 선종의 경우는 선사禪師, 대선사까지 올라갈 수 있다.

일연은 과거에 합격해 대선이 되어 비슬산으로 들어갔다가 훗날 선사가 되어 비슬산에서 내려왔다. 그런데 『삼국유사』에는 비슬산과 연관된 이야기가 하나 전해진다. 「피은」편에 실려 있는 '포산의 거룩한 두 승려'라는 이야기다. 앞에서 일연이 살았던 당시에 비슬산을 포산이라 불렀다는 것을 알았다. 그렇다면 '포산의 거룩한 두 승려'는 일연이 오랫동안 머물렀던 비슬산 시대를 대변해 주는 이야기가 아닐 수 없다.

비슬산에 거룩한 스님 두 분이 숨어 살았는데 서로 10여 리 되는 곳에 떨어져 있었다. 두 스님은 구름을 헤치고 달을 노래하면서 서로를 찾아다녔는데 이들이 길을 갈 때면 나무들이 몸을 구부려 영접하는 듯했다고 한다. 『삼국유사』에는 함께 수행하며 아름다운 우정을 나눈 두 스님을 찬미하는 일연의 시가 실려 있다.

서로 오가매 달빛을 밟으며 산수를 즐기니
두 노인의 풍류 생활은 몇백 년이던가
연하煙霞 가득한 골짜기에는 고목만 남아 있고
흔들리는 찬 그림자 아직도 서로 맞이하는 듯하다

일연은 몽골의 침입이라는 국가의 중대한 사건이 일어나지 않았다면 이들 포산의 승려들처럼 지내고 싶어했는지도 모른다. 『삼국유사』 「감통」 편에는 월명리라는 지명의 유래가 나온다. 그에 따르면 '제망매가'라는 향가로 유명한 승려 월명이 달밤에 젓대를 불기 좋아했는데 달이 그 소리를 듣기 위해 발길을 멈추었다고 한다. 일연 또한 그런 세계를 꿈꾸지 않았을까?

그러나 시대는 일연을 세상 밖으로 끌어냈다. 비슬산에서 내려온 일연은 경남 남해의 정림사 주지가 되었다. 정림사는 정안이라는 사람이 자기 집을 절로 만든 곳이었다.

정안은 당시 고려를 흔들어 대던 최씨 무신 정권의 최대 권력자인 최이(1356~1426)의 매형이었다. 정안은 권력을 좇았던 아버지와 달리 권력의 무상함을 피해서 자기의 본거지인 남해로 내려왔던 것이다. 남해로 내려온 정안은 불교를 위해 많은 일을 했다. 그 가운데 하나가 팔만대장경 간경이었다.

몽골에 의해 황룡사 구층목탑과 부인사의 대장경이 불탄 이후 고려는 팔만대장경 간행을 통해 흩어진 민심을 모으고 불교의 힘으로 나라를 지키고자 했다. 그 중심에 정안이 있었다. 정안은 나라가 주도하는 팔만대장경 간행에 판각 비용의 절반을 자기 돈으로 충당할 정도였다. 그리고 일연은 정안이 세운 정림사의 주지가 되면서 세상 밖으로 나온 것이다.

일반적으로 팔만대장경은 강화도에서 간행되었다고 알려져 있다.

강화도에 있는 대장도감과 선원사에서 만들어졌다는 것이다. 지금 선원사는 절터만 남아 있다. 그런데 얼마 전 팔만대장경이 대장도감이 아닌 분사도감에서 간행되었다는 주장이 제기되었다. 분사도감 가운데 이름이 남아 있는 곳은 남해뿐이다. 그리고 남해에는 정안이 세운 정림사가 있고 그 절의 주지는 일연이었다.

앞에서 정안이 팔만대장경을 제작하는 데 많은 돈을 댔다는 것을 보았다. 그렇다면 남해의 분사도감과 정림사 또한 팔만대장경 제작에 참여했을 것이고 일연 또한 직간접적으로 참여했을 것으로 생각할 수 있다. 정안이 일연을 정림사의 주지로 모신 것도 이 때문일지 모른다.

대장경 간경은 이미 오래 전부터 이루어졌다. 처음 대장경 간행이 이루어진 것은 1011년 거란의 침입으로 수도가 함락당하고 왕이 피난을 가게 되자 부처의 힘을 빌려 외세를 물리치겠다는 의도에서였다. 초조대장경이라고 불리는 이 작업은 1087년 일단락을 보게 되지만 그 이후에도 속장경 등이 간행되었다. 그러나 속장경은 1232년에, 초조대장경은 1235년에 몽골에 의해 불타고 말았다.

또한 대장경 간행 작업은 몽골의 침입으로 고통을 당하는 백성을 위로하고 새로운 희망을 주는 일이기도 했다. 이처럼 대장경 간행은 당시로서는 매우 중요한 일이었다. 그리고 일연은 그 중심에 있었다. 일연은 1261년까지 12년 동안 남해에 머물렀다.

책을
쓰다

1258년 고려를 지배하던 무신 정권이 무너졌다. 1170년 문신들의 차별에 대한 반발로 성립된 무신 정권은 몽골 침입이라는 상황과 맞물려 100년 가까이 고려를 지배했다. 그러나 개혁을 주장하던 무신 정권은 문신들의 악습을 그대로 답습했다.

고려 시대에 민란이 가장 많이 일어난 때가 바로 무신 집권기이다. 물론 무신들처럼 출세할 수 있다는 생각도 있었지만, 무신들에게 기대를 걸었던 백성들의 배신감이 민란의 이유로 크게 작용했다.

무신 정권이 몰락할 때 일연은 여전히 남해에 머물러 있었다. 그렇다고 계속 정림사에 머물렀던 것은 아니다. 일연은 1256년 서둘러 정림사를 떠나 길상암으로 거처를 옮겼다. 일연이 서둘러 정림사를 떠난 이유에는 정안의 죽음이 있었다. 정안은 팔만대장경 간행이라는 업적 때문에 벼슬도 오르고 명망이 높아졌다.

그러나 그만큼 그를 시기하고 두려워하는 사람도 많아졌다. 무신 정권은 정안을 백령도로 귀양 보냈다가 결국 물에 빠뜨려 죽였다. 『고려사高麗史』에는 정안이 죽은 해가 기록되어 있지 않다. 다만 일연이 서둘러 정림사를 떠난 것과 연관이 있을 것으로 보고 그 시기를 추측할 수 있다. 아마 무신 정권은 정림사를 포함한 정안의 재산도 몰수했을 것이다.

정안이 죽고 얼마 지나지 않아 무신 정권은 무너졌다. 정안은 무신 정권 말기의 소용돌이에서 희생된 사람이다. 간행 이유가 무엇이든 정안은 팔만대장경이라는 엄청난 보물을 후손에게 남겨 준 사람이었다.

무신 정권의 몰락과 더불어 일연의 삶에서 눈에 띄는 것은 『중편조동오위』라는 책이다. 일연이 『중편조동오위』를 쓴 것은 무신 정권이 몰락하기 바로 전인 1256년이고 책으로 출간된 것은 1260년이었다. 이 책을 쓴 곳은 남해 길상암이었다.

일연의 행장을 기록한 비문에 따르면 일연은 『어록語錄』2권과 『게송잡저偈頌雜著』3권, 편수한 책으로 『중편조동오위重編曹洞五位』2권, 『대장수지록大藏須知錄』3권, 『제승법수諸乘法數』7권, 『조정사원祖庭事苑』30권, 『선문염송사원』30권을 포함해서 100여 권을 세상에 내놓았다. 이 가운데 현재 전해지고 있는 것은 『중편조동오위』뿐이다.

그런데 비문에는 『삼국유사』5권의 이름이 등장하지 않는다. 그래서 한때『삼국유사』가 일연의 저서가 아니라는 주장까지 있었다.『중편조동오위』가 발견된 것은 1970년대 중반이었다. 발견된 장소도 이 땅이 아닌 일본의 교토 대학교 도서관이었다.『중편조동오위』는 조동오위를 다시 엮었다는 뜻이다. 조동오위는 중국 선종의 한 갈래인 조동종曹洞宗의 중심 사상이다. 조동종은 이미 신라 시대에 이 땅에 들어와 이엄선사에 의해 구산선문의 마지막 산문인 수미산문을 통해 널리 알려졌다. 그런데 고려로 전해지는 과정에서 잘못된 부분이 많아 일연이 바로잡은 것이 바로『중편조동오위』이다.

일연의 책『중편조동오위』가 일본에서 발견된 것은 우연이 아니다. 조동종이 일본에서 큰 힘을 발휘했기 때문이다. 그런데 책의 발견이 매우 드라마틱하다.『중편조동오위』의 저자 이름이 일연이 아니라 회연으로 적혀 있어서 그동안 발견되지 못하고 도서관에서 잠자고 있었던 것이다. 회연은 다름아닌 일연의 또 다른 자였는데도 말이다.

일연은 1261년 왕의 부름을 받고 강화도로 갔다. 무신 정권이 무너지고 난 당시 고려의 불교계에는 큰 변화가 있었다. 대통령이 바뀌면 장관을 비롯한 고위직에 있는 사람들이 바뀌는 것처럼 불교계에 그 영향이 미쳤던 것이다. 당시의 왕이었던 원종은 무신 정권과 가까웠던 승려들을 밀어내고 변방에 있지만 이름이 높은 일연을 불러올렸다. 이미 일연은 대선사의 지위에 있었다.

강화도에서 일연이 어떻게 지냈는지에 대해서는 알려진 것이 없다. 다만 일연은 여러 차례 고향으로 돌아가겠다는 말을 했던 것으로 남아 있다. 어릴 때부터 경산에서 광주로, 광주에서 양양으로, 양양에서 비슬산으로, 비슬산에서 남해로 이 땅을 떠돌아다녔던 일연은 번잡하고 소란스러운 서울이 싫었을 것이다. 일연은 3년 후에 희망대로 강화도를 떠났다.

나이 쉰아홉이 된 일연은 포항 부근에 있는 오어사吾魚寺의 주지가 되었다. 오어는 내 물고기라는 뜻인데 『삼국유사』「의해」 편에는 이 절의 이름에 얽힌 재미있는 이야기가 있다.

승려 혜공은 천진공의 집에서 품을 파는 노파의 아들인데, 어릴 적 이름은 우조였다. 천진공이 일찍이 몹쓸 종기가 나서 거의 죽을 지경에 이르자 문병하는 사람들이 길을 메웠다. 이때 우조는 일곱 살이었는데, 자기 어머니에게 여쭈었다.

"집에 무슨 일이 있기에 이처럼 손님이 많습니까?"

어머니가 말하였다.

"주인이 나쁜 병에 걸려 죽게 되었는데, 너는 어찌 그것을 모르느냐."

우조가 말하였다.

"제가 그 분을 낫게 할 수 있습니다."

어머니가 그 말을 이상하게 여겨 공에게 고하였더니 공이 우조를 불러 오게 하였다. 우조는 침상 아래에 앉아서 한마디도 하지 않았는데 얼마 후 종기가 터졌다.

공은 우연일 뿐이라 생각하고 그다지 이상하게 여기지 않았다. 우조가 장성해서 공을 위해 매를 길렀는데, 이것이 공의 마음에 썩 들었다. 처음에 공의 아우가 관직을 얻어 외지에 부임하였는데, 공에게 요청하여 좋은 매를 얻어서 임지로 갔다.

어느 날 저녁, 공은 문득 그 매 생각이 나 이튿날 새벽에 우조를 보내 가져오게 하려 하였다. 우조가 이를 먼저 알고 잠깐 사이에 그 매를 찾아 가지고 와 새벽에 공에게 바쳤다.

공이 크게 놀라 그제야 과거에 종기를 고친 일이 모두 상상하기 어려운 일이었다는 것을 깨닫고는 말하였다.

"저는 지극한 성인이 저희 집에 의탁해 있는 줄도 모르고 망령된 말과 예의에 어긋난 행동으로 더럽히고 욕되게 하였으니, 그 죄를 어찌 씻을 수 있겠습니까? 이제부터는 도사導師가 되어 저를 인도해 주십시오."

마침내 공은 내려가 우조에게 절을 하였다.

우조는 신령스러움과 기이함이 드러나자 드디어 승려가 되어 이름을 혜공으로 바꾸었다. (중략) 우조는 늘그막에 항사사(恒沙寺, 지금의 영일현 오어사이다. 세간에서는 항사 사람이 세상에 나왔기 때문에 항사동이라 이름한다고 하였다. — 일연의 주)로 옮겨 거처하였다.

이때 원효는 여러 불경의 소疏를 지으면서 항상 혜공을 찾아가 의심나는 것을 물었는데, 가끔씩 서로 말장난을 하기도 하였다.

어느 날, 원효와 혜공이 시냇가에서 물고기와 새우를 잡아먹고 돌 위에 대변을 보았는데, 혜공이 그것을 가리키며 말하였다.

"자네가 눈 똥은 내가 잡은 물고기로다."

여기서 오어사라는 이름이 지어졌다.

이 이야기는 '이혜동진二惠同塵' 조의 일부인데, '이혜'는 혜숙과 혜공 두 승려를 말한다. '티끌 진塵' 자는 불교에서 속세를 비유하여 흔히 쓰는 글자이다. '동진'은 속세에 들어가 세상 사람들과 어울려 살아감을 이른다. '이혜동진'의 앞부분에는 혜숙의 이적異蹟이, 뒷부분에는 혜공의 이적이 나온다. 신라에는 이름을 알리지는 못했어도 널리 존경받는 고승들이 많았던 것 같다. 신라 최고승이랄 수 있는 원효도 혜공을 찾아가 배움을 얻었다.

일연은 1264년 경북 청도에 있는 인흥사로 거처를 옮겼다. 인흥사는 일연이 깨달음을 얻었던 비슬산에 속한 절이었다. 감회가 남달랐

● ● ●
원효와 혜공은 시냇가에서 물고기와 새우를 잡아먹었다. 원효가 돌 위에 눈 대변을 보고 혜공이 말했다.
"자네가 눈 똥은 내가 잡은 물고기로다."

을 것이다. 일연은 비슬산에서 남해로 남해에서 강화도로, 강화도에서 포항으로 갔다가 다시 비슬산으로 되돌아온 것이다. 그리고 다시 13년을 비슬산에 기대어 지낸다. 물론 중간에 이곳저곳 다니기는 했지만 공식적인 거처는 비슬산 인홍사仁弘寺였다.

일연이 처음 인홍사를 찾아갔을 때 이미 만회라는 주지가 있었다. 비문에 따르면 일연이 인홍사로 찾아가자 주지는 선뜻 자기 자리를 일연에게 내주었다. 그러자 일연에게 가르침을 얻고자 하는 사람들이 구름처럼 몰려들었다.

앞에서 팔만대장경 간행에 일연이 어떤 형태로 참가했는지 명확하지 않음을 보았다. 그런데 1268년 운해사에서 팔만대장경의 간행을 축하하는 대장낙성회가 열렸다. 대장낙성회에는 불교를 대표하는 100여 명의 승려가 참석했다. 불교를 대표하는 최고 자리에는 일연이 앉았다. 여기서 일연은 낮에는 금문金文을 읽고 밤에는 담론을 했다고 전한다. 일연은 여러 사람들의 물음에 물 흐르듯 막힘없는 해석을 내놓아 탄복하지 않는 사람이 없었다고 한다. 대장낙성회에 일연이 최고의 승려로 초대된 것은 대장경 간행에서 일연이 중심 역할을 했음을 반증해 주는 일이기도 하다. 또한 그 자리에서 보여 준 일연의 태도는 고려 최고의 승려로서 모두에게 인정을 받은 일이기도 하다.

일연이 인홍사에서 지낸 지 10년째 되던 해인 1274년 충렬왕이 왕위에 올랐다. 충렬왕은 인홍사仁興寺라는 사액을 내렸다. 사액賜額이라는 것은 왕이 이름을 지어 편액扁額을 내리는 것을 말한다. 편액은 비단이나 종이, 널빤지 등에 그림을 그리거나 글씨를 쓴 액자를 가리킨다. 대단한 영광이 아닐 수 없다. 역사를 보면 사액은 주로 조선 시대에 많이 등장한다. 사립학교인 서원이 우후죽순 세워지고 그 가운데 사액을 받은 사액서원들이 대거 등장하기 때문이다. 당시 서원들은 앞 다투어 사액을 받으려고 했다. 그 이유는 사액이 주는 상징성 때문이었다. 이렇게 맺어진 충렬왕과 일연의 인연은 훗날 계속된다.

인흥사에서 일연이 한 가장 큰 일은 『역대 연표』를 만든 것이다. 『역대 연표』는 『삼국유사』의 처음에 나오는 「왕력」 편을 구성하는 큰 줄기였을 것이다. 이때 만든 『역대 연표』의 일부가 지금 합천 해인사에 남아 있다.

1277년 일연은 왕의 명령으로 인흥사에서 인근에 있는 운문사로 자리를 옮겼다. 그때 일연의 나이는 고희古稀가 지난 일흔두 살이었다. 의학이 발달한 지금도 일흔두 살이면 많은 나이이다. 오죽하면 일흔이라는 나이를 가리킬 때 고희라고 했을까? 고희라는 말은 예부터 드물다는 뜻이다. 하물며 지금보다 평균 수명이 훨씬 낮았던 당시에 일연은 보기 드물게 장수를 누리고 있었다. 그렇지만 일연은 아마 운문사에서 말년을 보내고 싶어했을 것이다. 고향 가까운 곳에서 살아온 날을 정리하고 싶지 않았을까? 그 가운데 하나가 『삼국유사』를 쓰는 일이었을 것이고.

나라의
최고 스승이 된 일연

충렬왕은 늙은 일연을 매우 아꼈다. 어쩌면 아꼈다기보다 의지하고 싶었을 것이다. 그래서 일연이 운문사에 가만있게 내버려 두지 않았다. 일연이 일흔여섯 되던 해에 왕은 경주 행재소로 일연을 불렀다. 왕은 일본으로 원정을 떠나는 고려와 몽골의 연합군을 따라 경주로 내려와 있었다. 그리고 수도가 있는 개경으로 동행해 달라고 부탁한다. 일연은 왕명을 거역하지 못하고 개경으로 올라가야 했다.

일연은 운문사에 있을 때부터 『삼국유사』를 쓰기 시작했을 것으로 짐작된다. 무슨 일이든 시작이 있고 끝이 있게 마련, 운문사는 『삼국유사』의 시작인 셈이었다. 이런 의미에서 운문사는 일연에게 매우 뜻깊은 곳이다.

『삼국유사』 「의해」 편 첫머리에는 운문사와 신라 고승 원광에 대한 기사가 실려 있다. 원광은 세상을 살면서 지켜야 할 다섯 가지 계율인 '세속오계'를 말한 유명한 승려이다.

원광은 신라 최초의 유학승으로 중국 수나라에서 공부하며 이름을 떨쳤다. 원광은 신라로 돌아와 바로 운문사에 자리를 잡았다. 『삼국유사』에 따르면 원광은 가슬갑사에 머물고 있었는데 운문사에서 가슬갑사 사이는 불과 9천 걸음이다. 당시에 운문사를 중심으로 동서남북 모두 다섯 개의 절이 있었는데 가슬갑사는 동쪽에 있는 절이었다. 「의해」편 '원광이 서쪽으로 유학가다' 조에는 세속오계에 대해 이렇게 말하고 있다.

어진 선비인 귀산은 사량부 사람으로 한 동네에 사는 추항과 친구였다. 두 사람이 만나서 말하였다.

"우리들이 덕망 있는 선비와 교유하길 기원하면서 먼저 마음을 바르게 하고 몸을 닦지 않는다면 아마도 욕을 초래하는 일은 면하지 못할 것이다. 그러니 어찌 어진 사람을 찾아가 도를 묻지 않을 수 있겠는가?"

이때 원광법사가 수나라에 들어갔다가 돌아와서 가슬갑嘉瑟岬에 머무르고 있다는 말을 듣고 두 사람이 찾아가서 아뢰었다.

"속세의 선비로 무지몽매하여 아는 것이 없으니, 한 말씀만 해 주시면 평생토록 경계로 삼겠습니다."

원광법사가 말하였다.

"불교에는 보살계菩薩戒가 있어 거기에 열 가지 조항이 있으나, 너희들이 다른 사람의 신하된 몸으로는 감당할 수 없을 것이다. 지금 세속에는 다섯 가지 계가 있다. 첫째는 충성으로 임금을 섬기는 것이고(사군이충事君以忠), 둘째는 효도로 어버이를 섬기는 것이고(사친이효事親以孝), 셋째는 믿음으로 벗과 사귀는 것이고(교우이신交友以信), 넷째는 싸움터에 나가서 물러남이 없는 것이고(임전무퇴臨戰無退), 다섯째는 살생을 가려서 하는 것(살생유택殺生有擇)이다. 너희들은 이를 실행하는 데 소홀함이 없어야 한다."

귀산과 추항이 말하였다.

"다른 것은 잘 알겠습니다만, 이른바 살생을 가려서 하라는 것만은 잘 알지 못하겠습니다."

원광법사가 말하였다.

"매월 재齋를 올리는 여섯 날과 봄, 여름에는 살생을 하지 말아야 하니, 이는 시기를 가리라는 것이다. 부리는 가축을 죽이지 말라고 하는 것은 말, 소, 닭, 개를 말하는 것이다. 미물을 죽이지 말라고 하는 것은 그 고기가 한 점도 되지 못하는 것을 말하니, 이는 바로 대상을 가리라는 것이다. 또한 꼭 필요한 양만큼만 얻고 많이 죽이지는 말라는 말이다. 이것이 곧 세속의 좋은 계이다."

귀산 등이 말하였다.

"지금부터 이를 받들어 두루 행하여 감히 실수하는 일이 없도록 하겠습니다."

••• 운문사 가는 길(위)에는 소나무가 터널을 이루고 있어 성스러운 곳과 속세를 구분하는 듯하다. 운문사(아래)는 비구니 사찰이다. 절은 대개 산을 등지고 있는데 운문사는 호거산을 바라보고 서 있다.

이것이 운문사에서 지냈던 원광의 세속오계와 관련된 일화다. 이 일화 외에도『삼국유사』「의해」편에는 원광의 행적이 소상하게 기록되어 있다. 원광이 최초의 중국 유학승이자 뛰어난 승려였기 때문에 고승들의 행적을 담은 「의해」편 첫머리에 실어 존경을 표한 것이다. 한편으로 일연이 운문사에서 지냈던 인연으로 해서 원광에 대해 많은 관심을 가졌을지도 모르겠다.

그 인연은『삼국유사』「의해」편 두 번째 이야기로 이어진다. 이야기는 작갑사라는 절과 보양이라는 승려에 대한 것이다. 작갑사는 운문사 다섯 절 가운데 하나이다. 보양은 신라 말에서 고려 초에 살았던 승려이다. 그런데 몇백 년을 사이에 두고 원광과 보양이 만난다. 먼 시간을 두고 원광과 일연이 만난 것처럼 말이다.

보양은 중국에서 불법을 배우고 돌아오던 길에 서해 바다에 나타난 용을 따라 용궁으로 내려갔다. 용이 보양에게 돌아가거든 작갑에 절을 세우라고 말한다. 보양은 그 말을 듣고 돌아가다 원광의 환영을 만났다. 그리고 그 자리에 작갑사를 세웠다.

그러나 앞에서 본 대로 일연은 운문사에 오래 머물지 못했다. 경주까지 내려온 왕이 일연을 가까이로 불렀기 때문이다. 일연은 경주에서 약 1년 정도 머물렀다. 천년 왕국을 자랑하던 당시의 경주는 어땠을까? 아마도 몽골의 침략으로 경주는 예전의 모습을 많이 잃었을 것이다.

가장 대표적인 것이 일연이 몽골의 침입을 피해 비슬산에 은거하고 있을 때 몽골의 만행으로 불타 없어진 황룡사를 들 수 있다. 『삼국유사』에는 황룡사에 대한 일연의 애정이 잘 나타나 있다. 21세기인 지금도 황룡사터를 찾아가면 그 웅장함이 느껴지는데 당시라면 더하면 더했지 덜하지 않았을 것이다.

높이 솟아 있던 아름다운 황룡사 구층목탑이 불타 사라진 그 터는 또한 얼마나 웅장하면서도 허전했을까? 과거에 보았던 장엄하고 아름다운 것이 사라진 폐허를 생각해 보면 일연의 허전함을 상상하기 어렵지 않다.

몽골의 지배 아래에 있는 동안 고려의 왕은 몽골의 꼭두각시 역할을 강요당했다. 충렬왕이 일연을 가까이 두고 싶었던 것은 이런 이유와 관계가 있다. 충렬왕은 일연을 운문사로 돌려보내지 않고 개경으로 데리고 가서 광명사에 머무르게 했다. 비문에 따르면 일연이 개경에 있을 때, 한번은 왕이 일연을 내전으로 불러 설법을 듣고 용안이 환하게 빛났다는 구절이 있다.

그리고 일연은 국사國師에 책봉된다. 국사는 말 그대로 나라의 최고 스승을 가리키는 말이다. 일연은 세 번이나 고사를 했지만 왕이 듣지 않았다. 기록에 따르면 고려 시대에 국사가 된 사람은 모두 16명뿐이다. 그때 일연의 나이는 일흔여덟이었다.

일연과
어머니

　　　일연은 국사가 되어 모든 사람들로부터 존경을 받는 지위
에 올랐지만 마음이 편하지 않았다. 일연은 늘 고향으로 돌아가고 싶
어했다. 그러나 왕은 일연을 놓아주지 않았다. 일연이 한사코 고향으
로 가려고 한 이유는 여러 가지로 생각해 볼 수 있다.

　먼저 번잡스럽고 지켜야 할 것이 많은 도시 생활이 마음에 들지 않
았다. 둘째로 『삼국유사』를 써야 한다는 생각이 숙제처럼 남아 있었
을 것이다. 그리고 세 번째는 늙은 어머니를 봉양해야 한다는 것이었
다. 왕은 고향으로 내려가겠다는 일연의 요청을 거듭 거절하다가 세
번째 이유를 듣고서야 허락했다. 늙은 중이 자기보다 더 늙은 어머니
를 모시겠다는 마음을 뿌리칠 수 있는 사람은 아무도 없을 것이다.

　일연의 호가 목암睦庵이라는 것은 앞에서 보았다. 일연이 호를 목
암으로 지은 것은 중국의 승려 목주睦州 진존숙陳尊宿(780~877)을 존

경했기 때문이다. 진존숙은 이름도 알려지지 않은, 그저 성에 존칭을 뜻하는 존숙을 붙여 불리는 뛰어난 승려였다. 처음은 좋으나 끝이 좋지 않다는 뜻을 지닌 용두사미龍頭蛇尾라는 말을 알고 있을 것이다. 이 말은 바로 진존숙에게서 나왔다.

송나라 때의 불교 책인 『벽암록碧巖錄』에 진존숙과 용두사미라는 말의 유래가 실려 있다. 하루는 진존숙이 한 승려를 만났는데 그 승려가 느닷없이 큰 소리를 질렀다. 진존숙은 순간 그 승려의 기세에 눌렸다. 그런데 가만히 보자 그 승려가 처음에는 그럴 듯하게 보였지만 참된 깨달음을 얻지는 못한 듯했다. 진존숙은 이렇게 생각했다. '혹시 용의 머리에 뱀의 꼬리가 아닐까?' 진존숙이 물었다. "그대의 호령하는 위세는 좋은데 소리를 외친 후에는 무엇으로 마무리를 지을 것인가?" 그러자 그 승려는 꼬리를 내리고 대답을 얼버무렸다.

진존숙이 언제 늙은 어머니가 계신 고향 목주로 돌아갔는지는 모른다. 다만 목주에 있는 개원사에서 지낸 것은 분명하다. 진존숙은 밤이면 이슥하도록 왕골 짚신을 삼았다. 그리고 그 짚신을 팔아 늙은 어머니를 모셨다.

진존숙은 어머니가 돌아가신 뒤에도 왕골 짚신 삼는 일을 멈추지 않았다. 밤 늦도록 삼은 짚신을 새벽녘에 큰길로 나가 나무에 걸어 놓았다. 필요한 사람이 있으면 누구든 그 짚신을 신을 수가 있었다. 이런 이유로 이름도 알려지지 않은 진존숙은 진포혜라고 불리기도 했다. 포혜蒲鞋는 왕골 짚신이라는 뜻이다.

진존숙은 늙은 어머니를 위해 짚신을 삼았고, 어머니가 세상을 떠난 후에도 어머니를 위해 그런 것처럼 다른 사람들을 위해 짚신을 계속 삼았다. 불교에서 승려가 출가를 하면 속세와의 인연은 끊어진다. 부모나 형제와 인연을 끊는다는 말이다. 심지어 출가 후의 나이를 뜻하는 '법랍'이라는 말이 있을 정도로 철저하게 속세와의 인연을 끊는다.

이렇듯 불가에서 속세와 절연하고 공부와 수행을 하는 것은 자신을 구원하려는 마음도 있겠지만 훌륭한 승려들의 삶에서 보듯 세상 사람들을 위한 삶을 살기 위함이다. 진존숙도 일연도 이런 면에서 다르지 않았다.

일연은 늙은 어머니를 봉양하기 위해 왕의 곁을 떠났다. 보통 사람이라면 지위가 높아질수록 더 높은 곳을 희망하고 또 그 자리를 지키려고 하겠지만 일연은 노모를 위해 헌신짝처럼 높은 자리를 내던졌다.

비문에 따르면 일연이 내려온 곳은 구산舊山으로 기록되어 있다. 아마 운문사였을 것이다. 그리고 추측하건대 아흔다섯 살인 늙은 어머니를 가까이에 모시고 봉양했을 것이다. 진존숙이 그랬던 것처럼.

일연 하나를 낳고 게다가 그 아이를 아홉 살에 떠나보낸 뒤에 70년 이상을 홀로 사셨던 일연의 어머니였다. 아무리 승려가 되어 세속의 인연을 끊었다고는 하지만 그 늙은 어머니에 대한 일연의 마음이 어떠했는지 짐작하고도 남음이 있다.

일연이 승려들의 과거 시험인 선불장에서 상상과에 합격하고 내려간 곳은 비슬산이었다. 그 후 일연은 비슬산, 남해를 중심으로 대부분의 삶을 보냈다. 일연의 고향이 있는 경산과는 지척이었다. 고향으로 돌아가지 못하고 그 언저리를 떠돌며 보낸 것이다. 그리고 마침내 늙은 어머니를 역시 늙은 아들이 모시게 된 것이다.

두 늙은이가 나란히 앉아 있는 모습을 떠올리면 눈시울이 붉어진다. 두 사람은 70년도 넘는 세월을 뛰어넘어 무슨 말을 할 수 있었을까? 일연은 일연대로, 어머니는 어머니대로 서로에게 단정하게 대했을 것이다. 한 사람은 어머니이고 다른 한 사람은 나라의 최고 스승인 국사였다. 이때 일연의 나이는 일흔여덟이었고 어머니는 아흔다섯이었다. 꽃처럼 아름다운 시절을 다 보내고 세월의 고개를 돌고 돌아 겨우 만난 것이다.

그래서인지 『삼국유사』에는 부모와 자식 사이의 애틋함을 보여 주는 이야기가 있어 읽는 이의 마음을 울린다. 일연의 삶을 알고 『삼국유사』를 읽을 때 비로소 그 깊이를 알 수 있는 이야기들이다.

아들을 멀리 바다에 보내고 정성스러운 기도로 아들을 구하고 그곳에 절을 지었다는 이야기, 분황사에서 눈 먼 어린 딸을 데리고 천수대비에게 빌어 눈을 고친 이야기, 새끼를 살리기 위해 죽음을 무릅쓴 꿩 이야기, 정수라는 승려가 한겨울에 해산을 한 걸인 여자를 구한 이야기, 일연의 삶을 닮은 승려 진정의 효도, 가난한 여자가 어머니를 봉양하는 이야기 등이 그런 이야기들이다. 이 가운데 자식을 살리기 위해 자기를 희생하는 꿩의 이야기를 읽어 보자. 영취사靈鷲寺라는 절에는 이런 이야기가 전해진다.

신라 진골 제31대 신문왕 대인 영순永淳 2년 계미년(683)에 재상 충원공忠元公이 장산국 온천에서 목욕을 하고 성으로 돌아오는 길에 굴정역屈井驛 동지야桐旨野에 이르러 머물게 되었다.

문득 어떤 사람이 매를 놓아 꿩을 쫓는 것을 보았는데, 꿩은 금악金岳을 지나 자취가 영영 사라져 버렸다.

그래서 방울 소리를 듣고 찾아가니 굴정현 관청 북쪽의 우물가에 이르렀다. 매는 나무 위에 앉아 있고 꿩은 우물 속에 있는데, 물이 핏빛을 띠고 있는 것 같았다. 꿩은 양쪽 날개를 펴서 새끼 두 마리를 품고 있었고, 매역시 그것을 어여삐 여겨서인지 함부로 덮치지 않고 있었다.

공이 그것을 보고 불쌍히 여기고 감동하여 그 땅을 점쳐 보니 절을 세울 만하였다. 서울로 돌아와 이 사실을 왕에게 아뢰어 그 현의 관청을 다른 곳으로 옮기게 하고 그곳에다 절을 세운 뒤 영취사라고 이름지었다.

한낱 미물인 새까지도 부모와 자식의 관계가 이러한데 사람은 어떻겠는가?

진존숙이 왕골 짚신을 삼아서 늙은 어머니를 봉양하다가 어머니가 돌아가시자 누구나 왕골 짚신을 신을 수 있도록 큰길에 걸어 놓았듯 일연도 짧은 시간이지만 어머니와 함께 지내며 봉양했다. 어머니가 다음 해에 아흔여섯의 수를 다하고 세상을 떠나자 장례를 치르고 운문사를 떠났다. 일연이 찾은 곳은 인근의 인각사였다. 일연은 인각사에서 『삼국유사』를 완성한 것으로 알려져 있다.

일연은 떠난 어머니를 마음 깊이 묻었을 것이다. 그리고 진존숙이 어머니를 기리는 마음으로 이 세상 또 다른 어머니들을 위해 큰길에 짚신을 걸어 두었던 것처럼, 일연도 자신의 어머니처럼 고단한 삶을 이어가고 있는 수많은 어머니들을 위해 『삼국유사』를 완성했을 것이다. 몽골의 지배 아래에서 고통당하며 신음하는 어머니와도 같은 백성들에게 우리 조상들이 어떻게 살았고 그 세계가 얼마나 아름다웠는지 보여 주어 용기를 주기 위해.

일연과
『삼국유사』

　　　　　　일연은 어머니를 보내고 경북 군위에 있는 인각사로 옮겨 갔다. 일연이 인각사로 가기 전에 왕은 명을 내려 대대적으로 절을 보수하게 했다. 절의 경비로 쓸 땅도 약 30만 평 정도 하사했다. 순전히 일연이 인각사로 거처를 옮긴다는 이유 때문이었다. 나라의 스승인 국사에 대한 배려였다. 이때 일연의 나이 일흔아홉이었다.

　일연은 인각사로 옮긴 뒤에도 바쁘게 활동했다. 눈에 띄는 활동으로는 두 차례에 걸친 구산문도회九山門都會의 개최다. 구산문도회는 지금 말로 표현하면 전국 불교 대회쯤 된다. 그러나 고려 시대의 문화를 대표하는 것이 불교임을 생각해 보면 지금과는 그 성격과 규모가 다를 수밖에 없다.

　무엇보다 인각사에서 일연이 보여 준 최고의 활동은 『삼국유사』의 집필이다. 언제부터 글을 쓰기 시작했는지는 정확히 알 수 없지만 인각사에서 마침표를 찍은 것은 분명한 듯하다.

일연은 1289년 여든넷의 나이에 다시 먼 길을 떠났다. 아홉 살에 고향인 경북 경산을 떠나 광주 무량사로, 광주에서 다시 강원도 양양의 진전사로, 비슬산으로, 남해로, 강화도와 개경으로, 운문사에서 인각사로 떠돌던 일연은 다시 발길을 돌렸다.

7월7일 칠석날 일연은 자기의 죽음을 예감했다. 알려야 할 사람들에게 자기의 죽음을 알리고 다음 날 새벽 제자들과 함께 자리했다. 제자들과 마지막 말을 나누고 방으로 들어가 조용히 입적했다. 한 시대를 빛낸 큰 별이 진 것이다.

『삼국유사』에는 일연의 긴 발자취가 담겨 있다. 최남선은 일연의 『삼국유사』 집필을 '일한사一閒事'라고 하였다. 하지만『삼국유사』는 일연이 늘그막의 한가로움을 이기기 위해 쓴 책이 아니다. 일연은 삶의 황혼에 이르러서야 비로소『삼국유사』를 마무리했다. 어쩌면 당시의 사람들은『삼국유사』의 저술을 이해하지 못했을 수도 있다. 일연의 비에『삼국유사』가 빠져 있는 것도 그 때문일지 모른다.

시간이 흐를수록『삼국유사』의 가치는 커졌다. 만약『삼국유사』가 전해지지 않았다면 우리는 고대 세계로 들어가는 거대한 문 앞에서 막막한 표정을 짓고 있어야 했을 테니까.『삼국유사』는 고대 세계로 들어가는 문을 열 수 있는 열쇠다. 이제 열쇠를 꽂고 일연이 어머니와 같은 백성들을 위해, 후손을 위해 남겨 놓은 아름다운 그 세계로 들어가 보자.

우리 고대로 가는 길 삼국유사

일연 탄생 800주년을 맞아 『삼국유사』의 산실로 새로 나기 위해 대대적인 보수 작업을 벌이고 있는 인각사(위). 일연의 행적이 기록되어 있는 보각국사비(아래 왼쪽)는 심하게 마모되고 훼손된 채로 누추한 전각에 보존되어 있으나, 다행히 오대산 월정사에 비문의 사본이 남아 있다. 비문은 당시의 문장가인 민지가 왕명을 받들어 지었으며, 중국 최고의 명필인 왕희지의 글씨를 집자하여 만들었다. 일연의 사리탑인 보각국사탑(아래 오른쪽)은 전하는 말에 의하면, 아침에 해가 뜰 때 광채가 나와 멀지 않은 곳에 있는 일연 어머니의 묘를 비추었다고 한다.

2

삼국유사를
읽는다

시작은 신화로
끝은 효행으로

『삼국유사』를 모르는 사람은 거의 없다. 그리고 읽는 사람 역시 거의 없다. 『삼국유사』에 대한 연구는 비교적 오래 전부터 지속되어 왔고 연구 성과도 적지 않다. 한문 원전이 현대 우리말로 옮겨진 것도 상당수이다. 그런데도 많은 사람들이 읽지 않는 까닭은 『삼국유사』를 역사서라고 생각해 비전문가가 읽을 수 있는 책으로 생각하지 않기 때문이다.

하지만 한편으로 『삼국유사』만큼 우리에게 친숙한 고전도 없다. 국어, 역사, 사회와 같은 교과목에서 우리나라의 고대사를 이야기할 때 빠지지 않는 책이고, 우리가 옛 이야기로 알고 있는 것 중에는 『삼국유사』에 수록된 것들도 많다. 이 말은 곧, 『삼국유사』가 문학, 역사, 문화, 민속 등 다양한 방면의 내용을 담고 있다는 뜻이다. 그 동안 우리는 장님 코끼리 만지듯 『삼국유사』의 특정 부분만을 접해 왔다. 장님 코끼리 만진다는 말은 인도의 경전 『우파니샤드』에 나오는 말이다. 우파니샤드는 가까이 다가와 앉는다는 뜻이다. 우리가 알고 있는 『삼국유사』의 편린들은 적지 않다. 친숙한 그 조각들을 하나씩 모아 『삼국유사』가 펼쳐 보여 주는 넓은 고대 세계로 가까이 다가앉아 보자.

『삼국유사』는 5권 2책으로 되어 있다. 제1책에 권1과 권2가, 제2책에는 권3~권5가 들어 있다. 분량이 많은 책을 여러 권으로 나눈 것이라고 생각하면 된다. 그리고 이 다섯 권은 내용에 따라 분류한 9개의 편목으로 나뉜다. 『삼국유사』를 본격적으로 보기 위해서는 9개의 편목에 주목해야 한다.

권별로 보면, 권1에 「왕력王曆」과 「기이紀異」 제1, 권2에 「기이」 제2, 권3에 「흥법興法」과 「탑상塔像」, 권4에 「의해義解」, 권5에 「신주神呪」, 「감통感通」, 「피은避隱」, 「효선孝善」이 수록되어 있다.

『삼국유사』가 다섯 권으로 되어 있다는 것은 분량에 따른 분권일 뿐이니 내용에 따라 분류해서 묶은 9편에 대해서만 생각해도 좋다.

맨 처음 나오는 「왕력」 편은 연표와 비슷하다. 「왕력」을 지나면 본문이 시작되는데 그 첫머리에 한국 사람이라면 모를 리 없는 단군 신화가 나타난다. 『삼국유사』는 환웅이 하늘에서 내려오고 곰이 사람이 되어 단군을 낳는다는 단군 신화가 실려 있는 가장 오래된 책이다. 예전에는 많은 책이 있었겠지만 지금 전하는 책 가운데는 『삼국유사』가 가장 오래된 책이다.

『삼국유사』는 김부식이 쓴『삼국사기』에서 다루지 않은 삼국 이전의 시대에 대해 다루고 있다. 『삼국사기』를 보아서는 삼국 이전의 먼 옛날 이 땅에 사람들이 살기 시작한 때에 무슨 일이 일어났는지 알 수 없다. 하나하나 되짚어 먼 옛날의 모습을 그대로 볼 수는 없겠지만 그 윤곽이라도 알고 싶다면『삼국유사』를 펼쳐야 한다.

그리고 그 첫머리에 놓여 있는 것이 바로 단군 신화다. 일연은 책의 첫머리에 신화를 실어야 하는 이유를 이렇게 밝혔다.

첫머리에 말한다.

대체로 옛날의 성인들이 예악禮樂으로 나라를 일으키고 인의仁義로 가르침을 베풀려 하면 괴이, 완력, 패란悖亂, 귀신에 대해서는 어디에서도 말하지 않았다.

그러나 제왕이 일어나려 할 때는 부명符命과 도록圖籙을 받음에 반드시 보통 사람들과는 다른 점이 있었고 그런 연후에야 큰 사변을 이용하여 천자의 지위를 장악하고 대업을 이룰 수 있었다.

그러므로 황하에서 그림이 나오고, 낙수洛水에서 글이 나오면서 성인이 일어났던 것이다. 무지개가 신모神母를 둘러싸 복희伏羲를 낳았고, 용이 여등女登과 관계를 맺어 염제炎帝를 낳았으며, 황아皇娥가 궁상窮桑이라는 들판에서 노니는데 자신을 백제白帝의 아들이라 일컫는 신동神童이 있어 교합하여 소호小昊를 낳았고, 간적簡狄은 제비알을 삼키고 설契을 낳았으며, 강원姜嫄은 거인의 발자취를 밟고 기棄를 낳았고, 요의 어머니는 임신한 지 14개월 만에 요임금을 낳았으며, 용과 큰 못에서 교합하여 패공沛公을 낳았다.

　이로부터 그 뒤로 일어난 일을 어찌 다 기록할 수 있겠는가? 그러므로 삼국의 시조가 모두 신비스럽고 기이한 데서 나온 것이 어찌 괴이하다 하겠는가?

　이는 「기이紀異」 편을 모든 편의 첫머리에 싣는 까닭이고, 의도가 여기에 있다.

괴이, 완력, 패란, 귀신은 『삼국유사』 원문에 나오는 '괴력난신怪力亂神'을 풀어 쓴 것이다. 『논어』 「술이」 편에 "子不語 怪力亂神(공자는 괴력난신을 말하지 않았다)"이라는 구절이 있다. 유학의 아버지라고 할 수 있는 공자가 괴력난신에 대해 말하지 않았다고 하는 것은 유가적 입장에서 사료를 다루고 사서를 편찬하는 사관에게 금과옥조와 같았다. 그러나 일연은 중국 상고의 전설적 인물들의 탄생 기원을 조목조목 밝혀, 우리나라 삼국의 시조가 태어남이 이와 다르지 않은데 어찌 해괴하다 여겨서 누락시킬 수 있냐고 반문한다. 이것은 일연이 책머리에 찬술 의도와 책의 성격을 밝힌 것으로 볼 수 있다. 또한 위 인용문에 이어 곧바로 단군 신화가 나오는 까닭이다.

　실제로 신화는 많은 것을 알려 준다. 오랜 역사와 문화, 생활 등을 농축시키기에 가장 좋은 것이 신화인 탓이다. 신화는 이야기의 형식을 지니고 있기 때문에 오랜 세월 동안 사람들의 입을 통해 전해질 수 있다는 매우 유리한 장점을 지니고 있기도 하다. 기록할 수단이 없는 먼 옛날 사람들이 어떻게 생활했고 어떤 생각을 갖고 살았는지를 이해할 수 있다. 신화 한 편이 몇 권의 책보다 많은 것을 보여 주기도 한다.

일연은 앞에서 인용한 글을 쓴 다음 중국의 역사서를 인용해서 단군 신화를 소개한다.

『위서魏書』에 이렇게 말하였다.

지금부터 2,000년 전에 단군왕검檀君王儉이 있어 아사달阿斯達(『경經』에 무섭산無葉山이라 하고, 또 백악白岳이라고도 이르는데, 백주白州 땅에 있다. 개성開城 동쪽에 있다 했으니, 지금의 백악궁白岳宮이다.)에 도읍을 정하고 나라를 열어 조선이라고 불렀으니, 바로 요임금과 같은 시기이다.

『고기古記』에는 이렇게 말하였다.

옛날 환인桓因의 서자 환웅桓雄이 자주 천하에 뜻을 두고 인간 세상을 탐내어 구하였다. 아버지가 아들의 뜻을 알고는 삼위태백三危太伯을 내려다보니 인간을 널리 이롭게 할 만하여, 즉시 천부인天符印 세 개를 주어 내려보내 인간 세상을 다스리게 하였다.

환웅이 다스리는 데 필요한 무리 3,000명을 거느리고 태백산太白山(바로 지금의 묘향산) 꼭대기 신단수神檀樹 아래로 내려왔다. 이곳을 신시神市라 하고 이분을 환웅천왕이라 한다. 풍백風伯, 우사雨師, 운사雲師를 거느리고 곡식, 생명, 질병, 형벌, 선악 등 인간 세상의 360여 가지 일을 주관하여 세상을 다스려 교화하였다.

그 당시 곰 한 마리와 호랑이 한 마리가 같은 굴에 살고 있었는데, 항상 환웅에게 사람이 되기를 빌었다. 이때 환웅이 신령스러운 쑥 한 다발과 마늘 스무 개를 주면서 말하였다.

"너희가 이것을 먹되, 100일 동안 햇빛을 보지 않으면 곧 사람의 형상을 얻으리라."

곰과 호랑이는 그것을 먹으면서 삼칠일 동안 금기했다. 곰은 여자의 몸이 되었지만, 호랑이는 금기를 지키지 못하여 사람의 몸이 되지 못하였다.

여자가 된 곰은 혼인할 상대가 없었으므로 매일 신단수 아래에서 아이를 가질 수 있게 해 달라고 빌었다.

환웅이 잠시 사람으로 변해 그녀와 혼인하여 아들을 낳았으니 단군왕검이라고 불렀다.

단군왕검은 요임금이 즉위한 지 50년이 되는 경인년庚寅年(당요가 즉위한 원년이 무진년戊辰年이니, 50년은 경인년이 아니라 정사년丁巳年이므로 아마 사실이 아닌 듯하다.)에 평양성(지금의 서경)에 도읍을 정하고 비로소 조선이라고 불렀다.

다시 도읍을 백악산 아사달로 옮기니, 그곳을 궁(어떤 곳에 방方으로 되어 있다.)홀산弓忽山 또는 금미달今彌達이라고 부르기도 한다. 그는 1,500년 동안 이곳에서 나라를 다스렸다. 주周나라 무왕武王이 즉위하던 기묘년에 기자箕子를 조선에 봉하였다. 이에 단군은 장당경藏唐京으로 옮겼다가, 그 후 아사달로 돌아와 숨어 살면서 산신이 되었는데, 나이가 1,908세였다.

    너무나 유명한 단군 신화를 온전히 옮겨 적은 것은 독자들이 번역된 원문을 찬찬히 보아 주기를 바라서이다. 원문 중 괄호 속 내용은 일연이 쓴 원주原註이다. 일연은 자신이 알고 있는 것과 다른 사실을 출전을 밝히거나 간접 인용하는 방식으로 주관을 배제하고 객관적 입장을 취하고 있다. 아사달의 원주에서 알 수 있듯, 일연의 꼼꼼한 자료 수집 덕분에 우리나라 지명의 속명이나 옛 이름을 추적할 근거를 갖게 되었다.

    단군 신화를 실은 책은 『삼국유사』 이후에 몇 권이 더 나왔다. 시기

부여 구아리 유적에서 발굴된 토제 곰. 신화 속에서 거듭 변신을 추구하는 역동적인 모습을 보이는 곰은 친근하면서도 신령스런 동물로 여겨졌다.

적으로 별로 차이가 나지 않는 1287년에 이승휴가 쓴 『제왕운기』가 있고, 조선 시대에는 『세종실록지리지』와 권람의 『응제시주』가 있다. 그러나 가장 오래되고 깊은 신뢰를 받는 것이 바로 『삼국유사』라는 데는 의문의 여지가 없다.

일연은 왜 『삼국유사』 첫머리에 단군 신화를 실었을까? 그것은 『삼국유사』의 집필 의도와도 만난다. 일연이 『삼국유사』를 쓴 것은 몽골의 침입으로 만신창이가 된 사람들의 마음을 달래고 용기를 주기 위해서였다. 우리도 중국만큼 역사가 오래된 민족임을 단군을 통해 보여 주려고 했던 것이다. 일연은 중국의 기록인 『위서魏書』까지 인용하며 그 객관성을 증명했다. 중국에서 요가 왕이 된 지 50년 후에 이 땅에는 단군이 있어 평양성에 도읍을 정하고 나라를 조선이라 일컬었다는 것이다.

또한 단군 신화는 우리가 하늘에서 내려온 환웅과 땅과 동물을 대표하는 곰이 만나 세계의 중심인 신단수 앞에서 아름답게 결혼해서 태어난, 그야말로 축복을 받고 태어난 단군의 후손임을 알려 주는 신화이다. 세계에서 이렇게 아름답게 태어난 민족의 시조는 달리 없다.

일연은 비록 지금은 몽골의 말발굽 아래에서 신음하고 있지만 우리의 역사를 생각하고 우리의 아름다운 세계를 기억하며 굴복하지 말라고 말하고 싶었던 것은 아닐까?

일연은 『삼국유사』의 마지막에 '효선'이라는 제목으로 효행에 관한 5편의 이야기를 실었다. 세상 모든 일은 시작도 중요하지만 마무리도 중요하다. 마무리를 제대로 하지 못하면 다음으로 이어지지 않는다. 대나무가 줄기 속이 비어 있어도 높이 자랄 수 있는 것은 매듭을 짓기 때문이다. 일연이『삼국유사』를 효행으로 매듭을 지은 까닭은 바로 일연의 삶과 맞닿아 있다.

일연은 말년에 95세가 된 노모를 가까이에 모시고 봉양했다. 목주진존숙을 사모해 호를 목암이라 지었다는 것도 이미 보았다.『삼국유사』를 본격적으로 읽기 전에 일연의 삶을 살펴본 것도 이 때문이다.『삼국유사』에는 고대 세계의 모습뿐만 아니라 일연의 삶이 그대로 투영되어 있다. 그리고 몽골과의 전쟁으로 사람들의 삶이 피폐해져 있었기 때문에 밑바닥부터 마음을 다시 세워야 했다. 그래서 신화를 통해 우리 민족이 지닌 오랜 전통과 긍지를 보여 주려고 했고, 사회를 이루는 기초 단위인 가정의 기본 덕목인 효행을 통해 사회의 재건을 꿈꾸었던 것이다. 이것이『삼국유사』가 신화로 시작해 효행으로 끝나는 까닭이다.

역사를 보는 전망대
「왕력王曆」

처음에 나오는 「왕력」 편은 연표라고 생각하면 좋을 듯하다. 연표는 일어난 일을 연대순으로 정리한 것이다. 연표는 역사를 한눈에 볼 수 있다는 점에서 매우 요긴한 자료이다. 예를 들어 동·서양의 연표를 한데 묶는다면, 불교를 창시한 석가, 유가의 공자, 도가의 노자, 서양 철학의 아버지 소크라테스가 비슷한 시기를 살았던 인물임을 알 수 있다. 인류의 위대한 스승들이 비슷한 시기에 나타났다는 것을 대번 알아채게 된다. 이처럼 연표는 전체를 한꺼번에 볼 수 있는 전망대와 같다.

우리는 앞에서 일연이 「왕력」 편의 뼈대가 되는 『역대 연표』를 인흥사에 머무는 시절 만들었다는 것을 보았다. 「왕력」 편에는 신라의 시조 박혁거세부터 후삼국을 통일한 고려 태조에 이르기까지 역사적 사실이 연대순으로 정리되어 있다.

가로로 줄을 그어 맨 윗줄에 중국의 역대 왕조와 연호를 표시해서 당시 세계사의 흐름과 비교할 수 있다. 그때의 세계사에서 가장 중요한 기준이 되는 것은 중국이었기 때문에 중국 왕조와 연호를 나란히 실은 것이다.

신라
제1 혁거세

성은 박朴이고 알에서 태어났다. 13세 되던 갑자년에 즉위하여 60년 동안 다스렸다. 왕비는 아이영아娥伊英 또는 아영아娥英이라고 한다. 나라 이름은 서라벌徐羅伐이며, 서벌, 사로斯盧, 계림鷄林이라고도 한다. 일설에는 탈해왕 대에 이르러 비로소 계림이라 불렀다고 한다. 갑신년에 금성金城을 쌓았다.

고구려
제1 동명왕

갑신년에 즉위하여 18년 동안 다스렸다. 성은 고高이고 이름은 주몽朱蒙, 추몽鄒蒙이라고도 한다. 단군의 아들이다.

백제
제1 온조왕

동명왕의 셋째아들이며, 둘째아들이라고도 한다.

계묘년에 즉위하여 45년 동안 다스렸다. 위례성慰禮城에 도읍했는데, 사천蛇川이라고도 하며, 지금의 직산稷山이다. 병진년에 한산漢山으로 도읍을 옮겼는데 지금의 광주廣州이다.

삼국의 시조에 대한 기사들이다. 신라가 가장 먼저 세워지고(기원전 57년), 고구려(기원전 37년)와 백제(기원전 18년)가 각각 주몽과 온조에 의해 세워졌다는 기본적인 사실들 말고도 보통의 연표라면 들어 있지 않을 내용이 있다. 『삼국사기』의 연표와 비교해 보면 차이점을 분명히 발견할 수 있다.

갑자(기원전 57)

신라

시조 박혁거세 거서간 즉위 원년. 이로부터 진덕까지 성골이 되다.

갑신(기원전 37)

고구려

시조 동명성왕. 성은 고, 이름은 주몽. 즉위 원년.

계묘(기원전 18)

백제

시조 온조왕 즉위 원년.

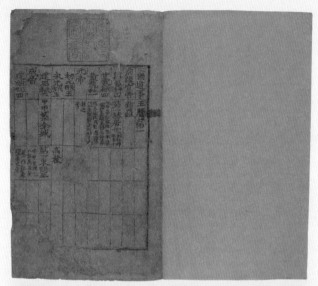

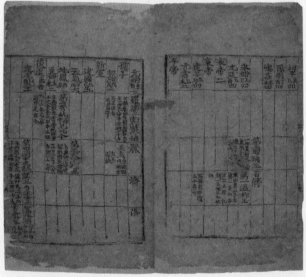

『삼국유사』 권제1의 시작인 「왕력」 편. 맨 윗줄이 중국 왕조의 연대표로 기준선이 된다.
고구려는 고려高麗로 적혀 있으며 락洛은 가락국, 곧 가야를 말한다.

고구려 시조 동명왕의 이름이 『삼국사기』에는 고주몽만 나오는데, 『삼국유사』에는 추몽도 있음을 간접 인용으로 밝혔다. 온조왕에 대한 기사는 『삼국유사』의 내용이 월등히 상세하다.

또 하나 주목할 것이 있다. 주몽이 나라를 세웠다는 글과 함께 단군의 아들임을 밝힌 점이다. 이 기사는 「기이」 편의 첫머리에 실린 단군 신화와 관련지어 보면 고조선과 고구려의 관계를 암시하는 대목이라고 볼 수 있다. 곧 중국과 맞먹는 민족 국가 창건의 기원을 일으킨 고조선의 맥을 고구려가 잇고 있다는 것이다.

「왕력」 편에는 그 밖에도 왕릉의 명칭과 위치, 왕의 어머니와 왕비에 대한 이야기, 연호의 사용, 중국과의 관계, 국호에 대한 설명, 절을 세운 이야기, 수도를 옮긴 이야기, 성과 제방을 쌓은 이야기, 시장에 관한 기록, 외국의 침입에 대한 기사 등 국가의 중요한 사건들이 다양하게 기록되어 있다.

또한 빠뜨릴 수 없는 것은 가락국, 곧 가야를 비롯해 우리나라 남쪽에서 흥하고 쇄한 소규모 고대 국가의 기사를 누락시키지 않은 점이다. 「왕력」 편에는 고구려, 백제, 신라 삼국과 함께 가야('洛'으로 적혀 있다.)도 엄연히 한 칸을 차지하고 있고, 「기이」 편에는 가야뿐 아니라, 우리나라 고대 삼국이 정립하기 이전에 어떤 부족 국가들이 있었는지 소상히 밝혀져 있다. 「왕력」 편과 「기이」 편에 나오는 가야에 대한 첫 기사를 읽어 보는 것도 의미가 있으리라 생각한다.

「왕력」편

가락국

가야伽倻라고도 하는데 지금의 금주金州이다.

수로왕

임인년(42) 3월에 알에서 태어나, 그 달에 즉위하여 158년 동안 다스렸다. 금알에서 나왔으므로 성을 김씨라 하였다. 『개황력開皇曆』에 실려 있다.

「기이」편

5가야(『가락국기』 찬贊을 보면, 자주색 끈 한 가닥이 하늘에서 내려와 둥근 알 여섯 개를 내렸는데, 다섯 개는 각기 읍으로 돌아가고, 하나가 이 성에 있게 되었다. 이 하나가 수로왕이 되고, 나머지 다섯 개는 저마다 다섯 가야의 군주가 되었으니, 금관국을 다섯의 수에 넣지 않은 것은 당연하다. 그런데도 고려의 『사략史略』에는 금관국까지 그 숫자에 넣고 창녕을 더 기록한 것은 잘못이다. — 일연의 주)

5가야는 아라가야, 고령가야, 대가야, 성산가야, 소가야이다.

또 고려의 『사략』에서 이렇게 말하였다. "태조 천복 5년(940)에 5가야의 이름을 고치니 첫째 금관, 둘째 고령, 셋째 비화이며, 나머지 둘은 아라와 성산이다."

대개의 경우 연표는 부록으로 처리하는 경우가 많다. 다른 말로 하면 연표는 본문을 읽을 때 그 흐름을 파악할 수 있게 하는 보조 장치라는 말이다. 예를 들면 역사서의 표본으로 삼는 사마천이 쓴 중국의 『사기史記』도 표表 10편을 따로 만들었다.『사기』연구자들은『사기』의 본문을 읽을 때 도움이 되도록 표를 만들었을 것으로 생각한다.

그런데 일연은「왕력」편을 책의 첫머리에 두었다. 배치만 놓고 보면, 아마 일연의 의도는「왕력」편만으로도 과거의 역사를 개괄할 수 있도록 하기 위한 것이 아닐까 생각된다.

「왕력」편은 그 뒤에 나오는 많은 이야기들이 한갓 시중에 떠도는 이야기를 모은 것이 아니라 엄정한 사실에 바탕을 두고 연관성을 가진 것임을 보여 주기 위해 전진 배치한 것이다.『삼국유사』가 시대를 관통하는 정신을 담고 있음을 보여 주려는 의도가 내포되어 있다는 말이다. 본문에 나오는 이해하기 힘든 많은 신비한 이야기들이 역사와 생활을 배경으로 한 것이니 허무맹랑한 것으로 치부할 일이 아니라는 말도 되겠다.

그것은 일연이『삼국유사』를 집필했던 의도, 그러니까 당장은 몽골의 지배 아래 굴욕스럽게 지내고 있지만 우리가 오랜 전통과 역사를 갖고 있음을 보여 주고 그를 통해 백성들에게 힘과 용기를 주려고 했던 의도와 맞아떨어진다.

고대 세계로 들어가는 길목
「기이紀異」

「기이」 편은 기묘하고 낯선 것을 뜻하는 기이奇異가 아니다. 신기한 이야기들이 이어져 있다는 뜻의 기이紀異이다.

『삼국유사』 권제1에 「왕력」 편과 「기이」 제1편이 있고, 권제2에는 편목의 이름이 없이 권제2라고만 적혀 있다. 후세 학자들이 편의를 위해 23개 조목이 실린 권제2에 「기이」 제2라는 이름을 달았다. 「기이」 편을 한 권에 모두 넣기에는 분량이 많았기 때문에 일정 분량을 쪼갰을 것으로 추측한다. 같은 편목이 두 번째 권에서 이어지니 굳이 제목을 달 필요가 없었다고 보는 것이다.

「기이」 제1과 「기이」 제2로 구분하는 기준이 되는 것은 신라의 삼국 통일이다. 제1은 고조선부터 삼한(마한, 진한, 변한), 부여, 고구려와 통일신라 이전의 신라와 연관된 기사들로 엮여 있다. 고조선을 비롯한 여러 고대 국가가 어떻게 세워지고 어떻게 역사의 뒤안길로 사

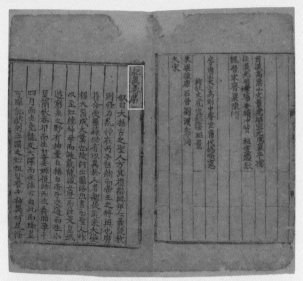

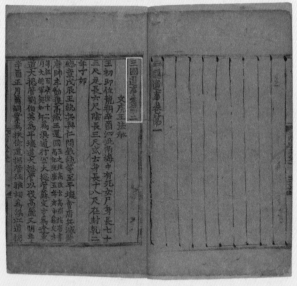

권제1에서는 「기이」 제1이라는 이름이 보이지만(위), 권제2에서는 중복을 피하기 위해 「기이」 제2라는 이름을 달지 않고 다만 삼국유사 권2라고만 적었다(아래).

라져 갔는지, 그 여러 나라들의 신화와 전설, 종교 등은 어떠했는지를 36개 조목의 이야기를 통해 풀어 놓는다.

「기이」 제2는 삼국을 통일한 신라의 왕인 문무왕부터 마지막 왕인 경순왕까지 신라 왕조에 대한 기록과 백제와 후백제 및 가락국에 관한 몇 편의 이야기를 포함해서 모두 25개 조목으로 구성되어 있다.

「기이」 편은 『삼국유사』의 꽃이라고 부를 수 있다. 단군 신화를 비롯해서 많은 신화와 민속과 설화를 다루어 고대 사회의 모습을 생생하게 보여 준다는 점에서 그러하다. 일연이 승려였던 까닭에 「기이」 편 이후에는 불교와 관련된 이야기가 많이 나온다. 『삼국유사』에 대한 비판 가운데 하나가 너무 불교의 색깔이 강하다는 것이다.

『삼국유사』를 이야기할 때 단골로 인용되는 「기이」 제2에 있는 '수로부인' 조를 함께 읽어 보자.

성덕왕 대에 순정공純貞公이 강릉(지금의 명주이다 ― 일연의 주) 태수로 부임하여 가다가 바닷가에서 점심을 먹었다. 옆에는 바위가 마치 병풍처럼 바다를 둘러서 있는데, 높이가 천 길이나 되었고 위에는 철쭉이 활짝 피어 있었다. 순정공의 부인 수로가 그것을 보고서 주위 사람들에게 말하였다.

"누가 내게 저 꽃을 꺾어 주겠소?"

따르던 사람이 말하였다.

"사람이 오를 수 없는 곳입니다."

다들 나서지 못하였으나 옆에서 암소를 끌고 지나가던 노인이 부인의 말을 듣고는 그 꽃을 꺾어 와서 가사도 지어 함께 바쳤다. 그 노인이 어떤 사람인지는 아무도 몰랐다.

이틀을 더 가니 바닷가에 정자가 있었다. 거기서 점심을 먹는데, 바다의 용이 갑자기 부인을 낚아채 바닷속으로 들어가 버렸다. 공이 비틀거리면서 발을 굴렀으나 어쩔 도리가 없었다.

또다시 한 노인이 나타나 말하였다.

"옛 사람이 말하기를 '여러 사람의 말은 무쇠도 녹인다.'고 하니, 바닷속 짐승인들 어찌 여러 사람의 입을 두려워하지 않겠습니까? 경내의 백성들을 모아 노래를 지어 부르면서 지팡이로 강 언덕을 두드리게 하면 부인을 다시 볼 수 있을 것입니다."

공이 그 말대로 하였더니 용이 부인을 모시고 바다에서 나와 공에게 바쳤다. 공이 부인에게 바닷속의 일을 물었다. 부인이 이렇게 말하였다.

"일곱 가지 보물로 꾸민 궁전에 음식은 맛이 달고 매끄러우며 향기롭고 깨끗하여 인간 세상의 음식이 아니었습니다."

부인의 옷에도 색다른 향기가 스며 있었는데, 이 세상에서는 맡아 보지 못한 것이었다. 수로부인은 절세미인이어서 깊은 산이나 큰 못 가를 지날 때마다 신물神物에게 붙들려 갔으므로 여러 사람이 해가海歌를 불렀다.

그 가사는 이렇다.

거북아, 거북아! 수로부인을 내놓아라.

남의 아내를 앗아 간 죄 얼마나 큰가.

네 만약 거역하고 내다 바치지 않으면

그물로 너를 잡아서 구워 먹겠다.

노인이 바친 헌화가는 이렇다.

자줏빛 바위 가에

암소 잡은 손 놓게 하시고,

나를 아니 부끄러워하시면

꽃을 꺾어 바치오리다.

참으로 신기한 이야기이고, 눈을 감으면 그림 한 폭이 선연히 떠오르는 아름다운 이야기이다. 젊은 사람들이 못하는 일을 노인이 하는 것도 그렇고, 바다에 사는 용이 나타나 부인을 납치해 가고 노래의 힘으로 부인이 돌아오는 박진감이 주는 재미와 감동도 있다. 여기에 보태 수로부인 이야기는 다른 몇 가지 정보를 제공한다.

첫 구절에 보이는 강릉이라는 지명이 눈에 띈다. 지금 우리가 부르는 강릉이 고려 시대에는 명주라고 불렸음을 알 수 있다. 또 당시 사람들이 용을 영물로 믿었다는 것과 바다 속 세상에 대한 요즘 사람들의 상상력이 여기에서 비롯된 것이 아닐까 하는 짐작도 하게 된다.

여러 사람이 노래를 지어 불러 나쁜 마음을 먹은 용을 물리치는 것은 노래에 주술적인 힘이 담겨 있음을 보여 준다. 주술을 현대적 상식으로 생각하면, 여러 사람의 말과 노래에는 강한 힘이 있다는 말이다. 요즘처럼 인터넷이 발달한 사회에서는 사람들의 말이 신속하게 전달되고 강하게 효과를 발휘하는 것을 본다. 그것이 바로 주술이다. 주술呪術에서 주라는 한자에 입이 몇 개나 있는지 보면 쉽게 이해될 것이다.

'해가'는 사람들이 용을 협박할 때 불렀던 노래이다. 그런데 가야의 건국 신화가 실린 '가락국기' 조에도 해가와 내용이 흡사한 '구지가龜旨歌'가 나온다. 수로왕이 하늘에서 내려와 가야를 세우기 전, 가야 지방은 9간九干이 다스리고 있었다. 어느 날 북쪽 구지봉龜旨峯에서 형체는 보이지 않고 사람의 음성이 들려왔다. 9간들이 구지봉에 가 이 소리에 응답하자 천상의 음성이 말했다.

"하늘이 나에게 이곳에 내려와 새로운 나라를 세워 임금이 되라고 명하셨기 때문에 내가 일부러 온 것이다. 너희들이 모름지기 봉우리 꼭대기의 흙을 파 내면서 '거북아, 거북아, 네 목을 내밀어라. 만약 내밀지 않으면 구워 먹겠다' 라고 노래 부르며 춤을 추면, 대왕을 맞이하여 기뻐 춤추게 되리라."

'가락국기' 조에 실린 가야의 건국 신화이자 수로왕의 탄생 신화이다. 해가나 구지가에는 신령스러운 동물인 거북이 나오는데, 모두 협박을 당하고 있다. 하지만 구워서 먹겠다는 으름장 속에는 소원을 이루고 싶은 강렬한 바람이 담겨 있다. 그러니 노래를 불러 수로부인을 구할 수 있었고, 새 임금도 맞이하게 된 것이다.

그런데 수로부인 이야기에 보이는 현명하고 용감한 두 노인은 누구일까? 도술을 부리는 신선의 이미지와 딱 들어맞는 이 노인들은 신기루처럼 나타났다 사람들에게 도움을 주고 사라진다. 불교가 전래되었다고는 하나, 제정이 일치된 고대 사회에서 불교가 사람들의 생활 속에 정착되기까지는 꽤 오랜 시간이 걸렸다. 신라가 통일한 이후에도 불교는 보편 신앙으로 자리잡지 못하고 있었다. 밀교를 비롯한 민간 신앙이 사람들의 삶에 더 밀착해 있었던 것이다. 그 흔적이 바로 『삼국유사』 곳곳에 보이는 신비로운 존재의 출현이다. 이는 무위자연無爲自然을 주장하는 도가 사상과도 맞닿아 있다. 신라 시대 최고의 학자였던 최치원은 예부터 우리나라에 전하는 '풍류'라고 부르는 깊은 사상이 있는데, 그것은 유교와 불교와 도교의 사상이 융합된 것이라고 했다. 최치원이 말한 풍류 사상과 연결지어 생각할 수 있는 것이 바로 화랑도이다. 화랑도는 신라가 삼국을 통일하는 데 결정적인 역할을 담당했던 청소년 무리였다. 화랑도는 국선도, 풍월도, 풍류도라고도 불렸다. 『삼국유사』에 나오는 화랑들의 행적을 살펴보면, 좋은 산천을 찾아다니며 몸을 수련하고 정신을 수양했다 했으니, 이들이 바로 풍류 사상을 실천하고 있었음을 알 수 있다.

「기이」 편에는 수로부인 이야기를 포함해서 59개 조목이 실려 있다. 그 속에는 고조선으로부터 후백제까지 오랜 세월 동안 이 땅에

오늘날 사찰의 벽화를 보면 '신비로운 존재' 신선이 흔히 등장한다. 이는 우리나라에 전래된 불교가 민간 신앙의 신화와 융화되었음을 보여 준다. 초기에는 자연을 벗삼아 한가로이 풍류를 즐기는 모습으로 그려 지다가 불교가 정착한 이후에는 경전을 읽는 모습으로 그려졌다.

있었던 많은 나라의 이름이 등장한다. 그 중에는 단지 이름만 거론된 나라도 있다. 그러나 그 사실만으로도 우리의 고대 세계가 무지개처럼 다채로웠음을 짐작할 수 있다.

비록 신라의 사적이 대부분을 차지하지만, 김부식이 쓴 정사인 『삼국사기』에서 실수든 고의든 누락되었거나 빠뜨린 것을 이야기로 뒷받침했다는 것은 매우 의미심장한 일이다. 구직할 때 쓰는 이력서 몇 줄을 통해 한 개인을 다 설명할 수 없다. 남에게 보여 줄 요량으로 쓴 이력서에는 친구와 다투거나 어울려 재미있게 놀았던, 지극히 사적인 이야기가 담겨 있지 않다. 『삼국유사』에는, 특히 「기이」 편에는 역사가들이 윤색하고 포장한 역사적 사실과는 차원이 다른 살가운 이야기들이 담겨 있다.

최남선 같은 학자는 만약 『삼국유사』가 없었다면 우리는 우리의 고대 세계를 잃을 뻔했다며 안도의 한숨을 쉰다. 그것은 여러 이유로 우리가 어린 시절의 기억을 몽땅 잃었다가 사진 몇 장으로 다시 되살려내는 것과 비슷하다. 이때 몇 장의 사진이 바로 『삼국유사』이고 특히 「기이」 편이 그런 역할을 한다. 우리는 3장에서 「기이」 편에 대해 한 번 더 살펴볼 기회를 가질 것이다.

이 땅에 전해진 불교
「홍법興法」

　　　『삼국유사』 권제3에는 「홍법」 편과 「탑상塔像」 편이
실려 있다. 「홍법」 편의 분량은 그리 많지 않고, 대부분은 「탑상」 편
이 차지하고 있다.

　홍법興法은 법을 일으켜 세운다는 뜻이다. 법이란 불교를 말한다.
「홍법」 편에는 이 땅에 어떻게 불교가 전래되었는지를 보여 주는 여
섯 조목과 신라 불교 융성에 공헌한 열 분 승려의 이름을 열거한 한
조목이 실려 있다. 일곱 조목은 다음과 같다.

　순도가 처음으로 고구려에 불교를 전하다順道肇麗

　마라난타가 백제의 불교를 열다難陀闢濟

　아도가 신라 불교의 기초를 닦다阿道基羅

　원종이 불법을 일으키고 염촉이 몸을 희생하다原宗興法 猒髑滅身

권제3은 '법을 일으켜 세운다'는 뜻의 「홍법」편으로 시작한다. 법은 불교를 의미하며, 고구려, 백제, 신라 순으로 불교가 전해짐을 보여 주는 각 조의 제목이 보인다.

법왕이 살생을 금하다法王禁殺

보장이 도교를 신봉하고 보덕이 절을 옮기다寶藏奉老 普德移庵

동경 흥륜사 금당의 열 분 성인東京興輪寺金堂十聖

「흥법」편에 실린 이야기를 읽어 보면 설화적인 성격이 다분하지만 주로 문헌을 통해서 사실적인 부분을 전달하는 데 주력하고 있는 듯하다. 가장 먼저 보이는 게 고구려, 백제, 신라에 누가 불교를 들여왔는가 하는 것이다. 가장 먼저 불교가 유입된 곳은 고구려이다. '아도가 신라 불교의 기초를 닦다' 조에 보면 일연은 '불교가 동방으로 차차 전파되어 왔으며 고구려, 백제로부터 시작하여 신라에서 끝마쳤다.'고 밝히고 있다.

「흥법」편 7개 조목을 『삼국유사』의 순서가 아닌 나라별로 정리해서 보면 일연이 하고자 하는 이야기를 한층 일목요연하게 이해할 수 있다.

불교가 가장 먼저 들어온 고구려의 이야기를 보자. 고구려에 대한 이야기는 '순도가 처음으로 고구려에 불교를 전하다'와 '보장이 도교를 신봉하고 보덕이 절을 옮기다' 두 조이다.

첫 조의 이야기에 따르면, 고구려에는 372년에 중국의 전진前秦 사람인 순도가 불상과 경문을 가져왔고, 2년 뒤에 진晉나라 사람인 아도가 불교를 전했다. 다음 해에 초문사와 이불란사라는 절을 지어 각각 순도와 아도가 머물게 했다. 고구려 제17대 소수림왕(재위 371~

384) 때의 일이다.

　그런데 두 번째 조를 보면 고구려 보장왕은 연개소문의 적극 추천으로 당나라에서 도교를 받아들이고 진흥책도 폈다. 보덕이라는 승려가 여러 차례 나라가 위태로울 수도 있다고 말렸지만 듣지 않자 신통력으로 방을 허공에 날려 지금의 전주로 이사를 갔다. 그리고 얼마 후 고구려는 망했다. 삼국 중 최초로 불교를 받아들인 고구려가 불교를 배척하자 승려가 다른 곳으로 떠나고 결국 나라가 무너졌다는 말이 된다. 이 사실에 대해 일연은 이런 시를 덧붙여 놓았다.

　　불교는 넓디넓은 바다처럼 끝이 없어,

　　백 갈래 유교, 도교를 모두 받아들이네.

　　우습구나, 고구려 왕은 웅덩이를 막았지만

　　와룡臥龍이 바다로 옮겨간 것을 알지 못하네.

　일연이 승려임을 감안한다고 해도 지나치게 불교의 편을 들었다는 생각이 든다. 그런데 두 번째 조에는 연개소문에 대한 부정적인 고사가 거듭 나온다. 『당서唐書』를 인용한 글을 보자.

　이보다 앞서 수나라 양제가 요동을 정벌할 때 양명羊皿이라는 비장裨將이 전세가 불리해져 죽음에 이르자 맹세하여 말하였다.

　　"반드시 고구려에서 신임받는 신하가 되어 그 나라를 멸망시키고야 말

것이다."

그런데 개소문이 조정의 정권을 잡게 되자 개蓋를 성씨로 삼았으니, 이
는 바로 양명羊皿이라는 두 글자가 개蓋란 글자와 맞아떨어진 것이다.

고구려에 패한 수나라 장군이 한을 품고 죽었다 환생했는데 그가
연개소문이라는 것이다. 불교를 밀어내고 그 자리에 도교를 세운 데
대한 불편한 심기를 역력히 드러내고 있다.

백제에 관한 기사 또한 두 조이다. '마라난타가 백제의 불교를 열
다' 조를 보면, 백제에 불교가 들어온 것은 384년으로 마라난타라는
승려를 통해서였다. 다음 해에 절을 짓고 열 사람이 승려가 되었다.
또한 392년 왕이 명령을 내려 불교를 믿고 복을 구하도록 했다.

'법왕이 살생을 금하다' 조도 불교에 호의적이다. 백제의 29대 왕
인 법왕이 왕명을 내려 겨울에 살생을 금하게 했다는 이야기이다. 또
한 왕흥사라는 절을 지었고 그의 아들 무왕 또한 미륵사를 지었다.
고구려와 백제 모두 신라에 의해 무너졌지만 적어도 「흥법」 편에서
는 그 대우가 사뭇 다르다.

「흥법」 편의 주된 내용은 신라에 불교가 어떻게 들어왔고 어떤 과
정을 거쳐서 국가의 공인을 받게 되는지에 집중되어 있다. 신라를 다
룬 세 조목의 이야기를 종합하면 이렇다.

고구려 사람인 아도는 어머니의 뜻에 따라 다섯 살에 출가하였고,
열여섯 살에 중국 위魏나라에 가서 불법을 배웠다. 열아홉 살이 되어

돌아와 어머니를 찾아뵈니 어머니는 신라로 가서 불법을 전하라고 일렀다. 아도는 신라 왕실을 찾아갔지만 그를 모함해서 죽이려는 사람까지 있어 3년간 숨어 지냈다. 왕실의 공주가 병이 들어 온갖 방법을 써 보았지만 아무도 고치지 못했다. 아도가 궁궐로 가서 공주의 병을 고쳤다. 이를 계기로 왕의 허락을 받아 절을 지었는데, 이따금 하늘꽃이 떨어져 흥륜사라 이름하였다. 왕이 승하하자 사람들이 아도를 해치려 하였다. 아도는 모록이라는 사람의 집으로 피해 무덤을 파 놓고 문을 닫고는 목숨을 끊었다. 일연은 이 일을 19대 눌지왕(재위 417~458) 대의 일로 추정하였고, "이로 인하여 불교도 없어졌다."고 적었다.

하지만 신라에서 불교는 그렇게 끝나고 만 것이 아니었다. 23대 법흥왕(재위 514~539) 대에 왕이 절을 짓고자 하는데 따르는 신하가 아무도 없었다. 그때 22세의 나이에 사인이라는 낮은 벼슬에 있던 염촉이 임금의 속내를 알아차리고 나서서 아뢰었다. "거짓된 말을 전한 죄로 신을 형벌에 처하여 목을 베시면 만백성이 모두 복종하여 감히 하교를 어기지 못할 것입니다." 염촉은 이차돈의 다른 이름이다. 염촉이 대담하게도 왕에게 모종의 계획을 제안한 것이다. 대신들 앞에서 자신의 목을 쳐서 왕의 의지를 천명하라는 것이었다. 왕은 사인 따위가 나설 일이 아니라고 일침을 놓았으나 이차돈은 물러서지 않고 다시 아뢰었다.

"버리기 어려운 모든 것들 중에 목숨보다 더한 것은 없을 것입니다. 그러나 소신이 저녁에 죽어 불교가 아침에 행해진다면, 부처님의 해는 다시 중천에 떠오르고 성스런 임금께서는 영원토록 편안할 것입니다."

왕이 말하였다.

"난새와 봉황의 새끼는 어려서부터 하늘 높은 곳에 뜻을 두고, 기러기와 고니의 새끼는 나면서부터 물결을 헤칠 기세를 품는다 하는데, 네가 그와 같이 한다면 가히 보살의 행동이라 할 수 있다."

그래서 왕은 짐짓 위풍을 차려 바람 같은 칼을 동서로 늘어놓고 서슬퍼런 형구를 남북으로 벌여 놓은 다음 여러 신하를 불러서 물었다.

"과인이 절을 지으려 하는데 그대들이 일부러 늦추려는 이유는 무엇인가?"

그러자 여러 신하들이 두려움에 벌벌 떨며 그런 일이 없다고 정성을 다해 맹세하고 손가락으로 동서쪽을 가리켰다. 왕이 사인을 불러 문책하자 사인은 낯빛을 잃어 대답도 하지 못하였다. 왕이 분노하여 목을 베라고 명령하자 관원들이 사인을 묶어 관아 아래로 데려갔다. 사인이 맹세하고 옥사정이 그를 베자 흰 젖이 한 길이나 솟구치고 하늘이 어두워지면서 석양이 그 빛을 감추고 땅이 진동하고 비가 후두둑 떨어졌다. 임금은 슬퍼하여 구슬픈 눈물이 용포를 적시고, 여러 재상들도 근심하고 슬퍼하여 땀이 머리에 쓴 사모에 배었다. 샘물이 갑자기 말라 물고기와 자라가 다투어 뛰어오르고, 곧은 나무가 부러지니 원숭이들이 떼지어 울었다. 동쪽 궁궐에서 말고삐를 나란히 하던 동료들은 서로 마주보며 피눈물을 흘렸다. 대궐 뜰에서 소매를 잡고 놀던 친구들은 애끊는 석별을 하여 관을 바라보며 우는 소리가 마치 부모의 상을 당한 것 같았다.

이런 이적을 통해 신라에는 불교가 크게 융성했다. 그리하여 「흥법」편의 대단원은 신라 고승 열 분의 이름으로 장식되고 있다. 원문 34자의 짧은 조목인 '동경 흥륜사 금당의 열 분 성인'의 전문은 다음과 같다.

●●●
"소신이 저녁에 죽어 불교가 아침에 행해진다면, 부처님의 해는 다시 중천에 떠오르고 성스런 임금께서는 영원토록 편안할 것입니다." 이차돈의 목을 베자 흰 젖이 한 길이나 솟구치고 하늘이 어두워지면서 석양이 빛을 감추었다. 이차돈 순교비(왼쪽, 국립경주박물관 소장)와 이차돈의 순교를 그린 사찰 벽화.

萬古長光明
異次頓 聖師

동쪽 벽에 앉아서 서쪽으로 향한 진흙 상이 아도, 염촉, 혜숙, 안함, 의상이며, 서쪽 벽에 앉아서 동쪽을 향한 진흙 상은 표훈, 사파, 원효, 혜공, 자장이다.

「흥법」편은 뒤에 본격적으로 나오는 불교의 사적 이야기를 드러내기 전에 이 땅에 어떤 과정을 거쳐 불교가 들어왔으며 어떤 고난을 겪어 국가의 종교가 되었는지를 쓴 것이다. 고구려와 백제는 크게 무리 없이 불교를 받아들였지만 신라의 경우는 심한 갈등을 겪었다. 그러나 비가 온 뒤에 땅이 굳어진다고, 신라는 염촉의 희생을 통해 불교를 나라의 이념으로 받아들이고 훗날 삼국을 통일하는 데 중추 사상으로 승화시킨다.

탑과 불상에 대한 이야기
「탑상塔像」

『삼국유사』권제3에서 「흥법」편이 일곱 조로 구성되어 있는데 비해 「탑상」은 무려 서른 조로 구성되어 있다. 원래 『삼국유사』에는 「탑상」 제4라는 편목이 붙어 있지 않다. 권제3에 「흥법」 제3이 있고, 곧바로 권제4의 「의해」 제5로 이어진다. 제4가 빠져 있다. 일제 시대에 『삼국유사』를 연구한 일본인 학자 이마니시 류가 「흥법」편이 끝나는 마지막 줄에 있는 탑상이라는 이름을 따서 '탑상 제4'를 끼워 넣었다. 그때부터 「탑상」을 네 번째 편목으로 보는 것이 정설로 굳어졌다.

여기서 왜 일본인 학자가 등장하는지 궁금할 수도 있는데, 뒤에서 보겠지만 『삼국유사』는 불교를 천시했던 조선 시대에 찬밥 신세였다. 유학자가 아닌 승려가, 그것도 유학자들이 보기에 거의 가치가 없는 신기한 이야기를 모아 놓은 책으로 폄하됐다. 그러다 임진왜란

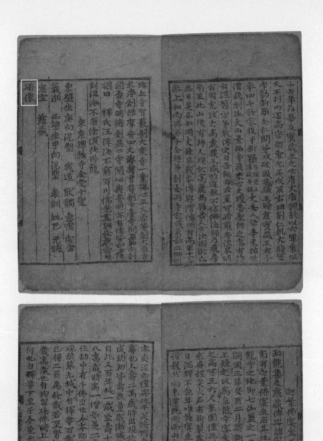

「흥법」 편의 마지막 조 '동경 흥륜사 금당의 열 분 성인'이 세 줄로 이어지고 그 옆에 탑
상塔像이라는 한자가 보인다(위). 아래는 탑과 불상에 얽힌 이야기를 모아 놓은 「탑상」
편의 첫 조인 '가섭불의 연좌석'이다.

때에 『삼국유사』를 접하게 된 일본이 오히려 『삼국유사』의 연구에 앞장서게 되었다.

탑상은 말 그대로 탑과 불상을 말한다. 「탑상」 편에는 불교 신앙의 대상인 탑, 범종, 불상, 사찰에 대한 기록이 실려 있다. 비교적 이야기의 성격이 강하지만 절의 내력을 기록한 사지寺誌, 금석문 등 구체적인 내용도 많이 언급된다.

우리나라의 많은 국보나 보물은 탑이나 불상 등과 같은 불교 문화와 관련이 있고, 여느 산을 가도 보물이나 국보 하나둘쯤은 흔히 볼 수 있다.

『삼국유사』의 「탑상」 편은 이렇게 산이나 산사에 가면 만날 수 있는 탑과 불상 등에 얽힌 30편의 이야기를 모아 놓은 것이다. 황룡사를 비롯해서 신라의 수도였던 경주와 인근 사찰에 있는 탑과 불상의 이야기가 많지만 고구려에 속했던 요동성이나 평양에 있는 탑을 다룬 이야기도 있다.

눈에 띄는 것은 황룡사에 얽힌 이야기가 3개 조나 실려 있다는 점이다. 이에 더해 「탑상」 편의 첫머리를 장식하고 있는 '가섭불의 연좌석'도 황룡사에 얽힌 이야기라는 것을 생각하면 일연이 황룡사에 베푼 깊은 관심을 짐작하고 남음이 있다. 네 편의 이야기는 다음과 같다.

가섭불의 연좌석迦葉佛宴坐石

황룡사 장륙존상皇龍寺丈六

황룡사 구층탑皇龍寺九層塔

황룡사의 종, 분황사의 약사여래불, 봉덕사의 종皇龍寺鐘, 芬皇寺藥師, 奉德
寺鐘

'황룡사 구층탑' 조에 이런 구절이 나온다.

신령한 사람이 말하였다.

　"황룡사의 호법룡護法龍은 바로 나의 큰아들인데, 범왕梵王의 명령을
받고 가서 절을 보호하고 있는 것이다. 본국에 돌아가서 절 안에 구층탑을
세우면, 이웃 나라들이 항복하고 동방의 아홉 나라(九韓)가 와서 조공을
바치며 왕 없이도 영원히 편안할 것이다. (중략)"

　말을 마치자마자 신령한 사람은 자장법사에게 옥을 바치고는 갑자기
사라져 보이지 않았다.

　정관 17년 계묘년(643) 16일에 자장법사는 당나라 황제가 내려 준 불
경, 불상, 가사, 폐백을 갖고 본국으로 돌아와 왕에게 탑을 세울 것을 권하
였다. 선덕왕이 여러 신하들과 의논하자 신하들이 말하였다.

　"백제에 부탁해 공장工匠을 데려와야 가능합니다."

　선덕왕은 보물과 비단을 가지고 백제로 가서 공장을 청하게 하였다. 아
비지阿非知라는 공장이 명을 받고 와서 재목과 돌을 다듬고, 이간伊干 용
춘이 수하 공장 200명을 거느리고 일을 주관하였다. (중략) 탑을 세운 이

●●●
황룡사 구층탑의 터(위)와 장륙존상 대좌(아래)를 보면 황룡사의 규모가 대단했음을 알 수 있다. 황룡사는
신라에서 가장 규모가 크고 신라 불교의 중심이 되는 절이었다. '신라의 땅이 부처가 사는 땅'이라 믿은 신
라인들의 불교관이 잘 반영되어 있다. '장륙'은 불상의 높이가 1장 6척임을 말하는데 약 5미터에 이를 정
도로 거대한 것이었다.

후에 천지가 태평하고 삼한이 통일되었으니, 어찌 탑의 영험이 아니겠는가?

일연이 황룡사에 대한 기사를 전체 서른 조 가운데 네 조나 할애한 데에는 그만한 이유가 있다. 그것은 황룡사가 지닌 상징적인 성격을 이해하면 저절로 알 수 있다.

'가섭불의 연좌석'을 보면 경주 월성 동쪽에 석가모니 부처 이전에 나타난 부처인 가섭의 연좌석이 있고 그곳이 황룡사 터임을 밝히고 있다. 또한 신라 진흥왕 때 월성 동쪽에 궁궐을 짓는데 그 터에서 황룡이 나와 왕이 이상하게 여기고 황룡사를 지었다는 기사가 나온다. 가섭불 연좌석은 높이가 5~6자(1자는 약 30cm)쯤 되고 둘레가 2자 가량 되는 돌이다. 『삼국유사』에 따르면 몽골군의 침입으로 황룡사가 불타면서 돌 또한 땅에 묻히고 말았다.

황룡사는 신라 불교의 중심이었다. 황룡을 본문에서는 皇龍이라고 쓰지만 黃龍이기도 하다. 황룡은 방위로 따지면 중심을 상징하는 신령한 동물이다. 석가모니 부처 이전의 부처인 가섭의 절터이기도 했던 황룡사는 앞의 인용문에서 보듯 나라의 평화와 국력을 상징하는 곳이었다.

일연이 황룡사에 대한 기사를 모두 네 편이나 소개한 것은 황룡사에 대한 깊은 아쉬움을 나타내는 동시에 신라가 그러했듯 고려 또한 불교의 힘으로 평화를 되찾고 원래의 기운을 되살리고 싶었기 때문

미륵은 석가모니 부처 이후에 올 미래의 부처이다. 우리나라는 삼국 시대에 미륵 신앙이 널리 퍼져 미륵불상이 많이 남아 있다. 오른발을 왼 무릎에 얹고 오른손을 뺨에 살짝 붙인 반가사유상(위, 국립경주박물관 소장)도 미륵불이다. 미륵리사지의 미륵불상(아래)은 특이하게 북쪽을 향해 있다. 신라 마지막 왕 경순왕의 아들 마의태자가 망국의 슬픔을 견디며 금강산으로 가던 도중, 누이가 지은 월악산의 덕주사를 향하도록 지었다는 전설이 전해진다.

이다.

「탑상」 편에는 미륵에 대한 이야기도 몇 편 실려 있다. '생의사의 돌미륵', '미륵선화 미시랑과 진자 스님', '남백월의 두 성인 노홀부득과 달달박박' 등이다. 미륵은 석가모니 부처 이후에 나타날 부처의 이름이다. 미륵은 현재 도솔천이라는 하늘에 보살로 있으면서 56억 7천만 년 후에 이 세상에 나타나 아직 구제받지 못한 중생을 구제한다는 미래의 부처이다. 우리나라에는 미륵 신앙이 강했다. 후고구려를 세운 궁예처럼 스스로 미륵이라 칭한 사람도 있었다. 나라 곳곳마다 바위에 미륵불이 새겨져 있다. 그만큼 미래불인 미륵의 구원에 대한 희망이 강했다는 말이다. 한국 불상의 아름다움을 대표하는 국보 78호 백제의 반가사유상 또한 미륵불이다. 「탑상」 편에서 미륵에 대한 기사가 몇 편 보이는 것은 황룡사에 대한 이야기처럼 희망에 대한 기원이 담겨 있기 때문이다.

풍성한 가을의 열매
「의해義解」

　　　　　『삼국유사』다섯 권 가운데 네 번째인 권제4에는「의해」제5만 있다.『삼국유사』를 연구하는 학자들 중에는『삼국유사』의 9개 편목 가운데 가장 잘 다듬어진 곳으로「의해」편을 꼽는 사람들이 많다. 뛰어난 승려들에 대한 행적이 잘 기록되어 있어 학문적 가치가 높기 때문이다.

　의해義解의 사전적 정의는 '글의 뜻풀이'이다.『삼국유사』에서 의해는 불교 경전에 대한 이해가 뛰어난 승려들이 현실 속에서 불교의 교리를 적용하고 실천하는 모습이 불교의 뜻을 풀어 주는 의미를 지니고 있다고 보면 좋을 것이다.

　「의해」편에는 세속오계로 유명한 원광의 일화가 첫머리에 보이고, 신라 3대 승려로 꼽는 자장, 원효, 의상의 이야기를 포함해서 모두 14개 조가 실려 있다.

원광(542~640)의 행적에 대해서는 '원광이 서쪽으로 유학가다' 조에 세 편의 이야기를 실어 놓았다. 그 중 하나가 앞에서 본 세속오계에 관한 것이다. 나머지 두 이야기는 원광의 성과 출신, 출가, 중국 유학, 입적에 대한 것으로 내용이 비슷하지만 출전이 다르고 상이한 부분이 있어서 모두 옮겨 적는

「의해」 편은 신라 최초의 유학승 원광의 고사로 시작된다. 원광서학圓光西學은 '원광이 서쪽으로 유학가다'는 뜻이다. 「의해」 편은 네 글자로 지어진 제목이 주는 함축성과 문체가 정제되어 있어 문학적 가치를 인정받는다.

다고 일연은 끝머리에 밝히고 있다.

『당전唐傳』에서는 황룡사에서 입적하였다고 했는데, 그곳은 자세히 알 수는 없으나 황룡사의 잘못인 듯싶다. 이는 마치 분황사를 왕분사王芬寺로 적은 예와 유사하다. 위의 당전과 향전 두 글을 살펴보면 성씨가 박과 설로 다르고, 출가한 곳도 우리나라와 중국으로 나와 마치 두 사람인 듯하므로 감히 명확하게 결정할 수 없어 전기를 둘 다 그대로 실었다.

『당전唐傳』은 당나라 때 쓰여진 승려들의 전기인 『속고승전』을 말하고 향전은 우리나라 첫 설화집으로 알려진 『수이전』을 이른다. 일연은 신라 최초의 중국 유학승인 원광을 「의해」 편 맨 처음에 싣는 것

이 옳다고 생각했으나, 중국의 기록과 우리나라의 기록이 달라 모두 실을 수밖에 없었던 것이다. 그리고 일연은 원광 이전에 우리나라 사람이 바다를 건너 불교를 공부하는 일이 드물었고 있어도 크게 이름을 떨치지 못했는데, 원광 이후로는 중국에 유학가는 사람이 끊이질 않았으니 원광이 그 길을 열었다고 평가했다.

원광의 뒤를 잇는 것은 자장(590~658)이다. '자장이 계율을 정하다'에 따르면 자장은 부모를 일찍 여의었다. 진골 출신으로 벼슬길에 나갈 수 있었지만 포기하고 승려가 되었다. 오랜 수행 끝에 하늘에서 내려온 사람으로부터 계율을 받고 중국으로 건너가 불교 공부에 전념했다. 당나라 태종의 총애를 받던 자장은 선덕여왕의 요청으로 신라로 돌아와 불교의 기틀을 잡게 된다. 그 모습을 한번 살펴보자.

어느 해 여름에 자장을 궁중으로 청해 대승론을 강론하게 하고, 황룡사에서 7일 밤낮으로 『보살계본』을 강연하게 하니, 하늘에서 단비가 내리고 구름과 안개가 자욱하게 강당을 덮었다. 사방 청중의 중들이 모두 그 신기함에 감복하였다.

조정에서 의논하였다.

"불교가 동쪽으로 들어온 지 오래되었으나, 불법을 유지하고 받드는 규범이 없으니 잘 만들어진 이치가 아니면 바로잡을 수가 없다."

왕이 칙서를 내려 자장을 대국통으로 삼고 승려의 모든 규범을 승통에게 위임하여 주관하게 하였다.

자장은 이런 좋은 기회를 얻자 용기가 솟아나 불교를 널리 전파하고자 하였다. 그는 비구와 비구니의 5부에 각기 구학舊學을 더하게 하여 보름마다 계율을 설법하였으며, 겨울과 봄에는 이들을 모아 시험을 실시하여 계율을 지키고 범함을 알게 하고, 직원을 두어 관리하여 유지시켰다. (중략)

이때 나라 안의 사람들이 계를 받고 부처를 공경하는 자가 열 집이면 여덟아홉 집이 되었다. 머리를 깎고 승려가 되겠다는 자도 날이 갈수록 늘어났다. 이에 통도사를 세우고 계단戒壇을 쌓아 사방에서 오는 자들을 구제하였다.

이렇게 신라 불교의 초석을 닦은 자장은 말년에 이르러 지금의 강릉인 명주로 내려가 수다사라는 절을 세우고 그곳에 머물렀다. 자장은 문수보살의 감응을 받고 태백산으로 찾아가 문수보살을 기다렸지만 남루한 옷차림을 한 문수보살을 알아차리지 못하고 안타까운 죽음을 맞이했다.

자장이 닦은 불교의 초석 위에 기둥을 세운 사람이 원효(617~686)다. 원효는 『삼국유사』의 여러 편에 걸쳐 등장한다. 「의해」편 '원효는 얽매이지 않는다' 조에는 원효가 태어날 때의 모습, 요석공주와의 일화, 원효라는 이름의 유래가 밝혀져 있다.

성사 원효元曉는 세속의 성이 설씨이고, 할아버지는 잉피공仍皮公이며 적대공赤大公이라고도 한다. 지금 적대연赤大淵 옆에 잉피공의 사당이 있다.

원효의 아버지는 담내 내말談㮈乃末이다. 원효는 처음에 압량군 남쪽 불지촌佛地村의 북쪽 밤골 사라수娑羅樹 아래에서 태어났다. (중략)

법사의 어릴 때 이름은 서당誓幢이고 또 다른 이름은 신당新幢이었다. 처음에 어머니의 꿈에 별똥별이 품 속으로 들어오더니 임신하였는데, 출산을 하게 되자 오색 구름이 땅을 덮었다. 이때는 진평왕 39년인 대업大業 13년 정축년(617)이었다. 그는 나면서부터 총명하고 특이하여 스승을 좇지 않고 혼자 배웠는데, 사방을 떠돌던 시말과 성대하게 편 포교의 자취들은 모두 『당전唐傳』과 그의 행장에 실려 있으므로 여기서 다 기록하지 않고, 다만 향전에 실린 한두 가지 이상한 일만 기록한다.

대사가 어느 날 일찍이 상례를 벗어난 행동을 하며 거리에서 노래를 불렀다.

그 누가 내게 자루 없는 도끼를 주려는가.

내가 하늘을 떠받칠 기둥을 찍어 보련다.

사람들은 모두 그 의미를 알지 못하였다.

이때 태종 무열왕이 그 말을 듣고는 말하였다.

"이 대사가 아마 귀한 부인을 얻어 어진 아들을 낳고 싶어하는 것 같구나. 나라에 위대한 현인이 있으니 그 이로움이 막대할 것이다."

이때 요석궁瑤石宮에 과부 공주가 있었다. 왕은 궁리宮吏를 시켜 원효를 불러오게 하였다. 궁리가 왕명을 받들어 원효를 찾아보니, 이미 남산을 거쳐 문천교蚊川橋를 지나고 있었다. 원효는 궁리를 만나자 일부러 물 속에 빠져 옷을 적셨다. 궁리는 원효를 요석궁으로 인도하여 옷을 말리고 그곳에 머물고 가게 하였다.

공주는 과연 태기가 있어 설총을 낳았다. 설총은 태어나면서부터 지혜롭고 영민하여 경서와 역사책에 널리 통달하였으니, 신라 10현 중 한 사람이다. (중략)

원효가 계율을 어겨 설총을 낳은 뒤로는 속인의 의복으로 바꾸어 입고 스스로 소성거사小姓居士라 불렀다. 우연히 광대들이 굴리는 큰 박을 얻었는데, 그 모양이 괴이하였으므로 그것을 본따 도구道具를 만들었다.

『화엄경』의 "일체 무애인無碍人은 한번에 생사를 벗어난다"라는 구절을 따서 무애라 이름짓고, 노래를 지어 세상에 퍼뜨렸다.

일찍이 원효는 이것을 지니고 수많은 부락을 돌아다니면서 노래하고 춤을 추며 교화시키고 읊다가 돌아왔다. 그래서 뽕나무 농사 짓는 늙은이와 옹기장이나 무지몽매한 무리에게도 모두 불타의 이름을 알고 나무아미타불을 부르게 하였으니, 원효의 교화가 컸다고 할 수 있구나.

그가 태어나 인연 맺은 마을 이름을 불지촌이라 하고, 절의 이름을 초개사初開寺라 하였으며, 스스로 원효라 부른 것은 아마도 불교를 처음으로 빛나게 하였다는 의미이다. 원효라는 이름 역시 방언인데, 당시 사람들은 향언으로 새벽이라고 하였다. (중략)

그가 입적하자 설총이 유해를 잘게 부수어 진용眞容을 소상으로 빚어 분황사에 모시고, 공경하고 사모하여 슬픔의 뜻을 표하였다. 그때 설총이 옆에서 예를 올리자 소상이 갑자기 돌아보았는데, 지금까지도 돌아본 채 그대로 있다. 일찍이 원효가 거주하던 혈사穴寺 옆에 설총의 집터가 있다고 한다.

『삼국유사』에는 출가한 승려와 그 가족과의 인연에 대한 이야기가 몇 편 소개되어 있어 마음을 찡하게 하는데 원효와 설총의 이 대목도 그렇다. 원효와 설총은 가는 길이 달랐기 때문에 서로 거의 만나지 못했다. 다만 이렇게 원효가 죽고서야 설총이 마음껏 아버지를 모셨고 원효 또한 죽어서도 고개를 돌려 설총을 바라보는 것으로 아들에 대한 깊은 정을 표현한 것이다.

원효가 대중에게 불교를 전했다면 의상은 좋은 제자를 많이 길러 냈다. '의상이 화엄종을 전하다' 조를 보면 중국에서 공부를 하고 돌아온 의상이 길러 낸 열 명의 뛰어난 제자들의 이름이 나온다. 제자들도 범상하지 않아서 모두 전기가 남아 있을 정도였다.

제자 오진은 매일 밤 방에 앉아서 손을 뻗어 밖에 있는 석등의 불을 켰고, 표훈은 불국사에 기거하면서 늘 하늘나라를 왕래했다. 또한 의상이 황복사에 있을 때 여러 무리들과 함께 탑돌이를 하면서 바닥을 디디지 않고 허공을 밟고 다녔다. 의상은 세상 사람들이 그 모습을 보면 괴이하게 생각할 것이니 가르칠 수 없다고 말했다고 한다.

법사, 대사, 율사 등으로 불린 고명한 승려 외에도 「의해」 편에는 뛰어난 사람들의 이야기가 실려 있다. 일례로 원효조차 한 수 접어야 했던 사복이 그러하다.

서울의 만선북리에 사는 한 과부가 남편 없이 임신을 하여 아이를 낳았는데, 나이가 열두 살이 되도록 말도 못하고 일어서지도 못해 사동蛇童이라 불렀다(아래에는 사복蛇卜 혹은 사파蛇巴 또는 사복蛇伏 등으로 쓰기도 하는데, 이는 모두 사동을 말한다. ― 일연의 주).

어느 날 그의 어머니가 죽었다. 그때 원효는 고선사高仙寺에 머물고 있었다. 원효가 사복을 보고 맞이하여 예를 올렸으나, 사복은 답례를 하지 않고 말하였다.

"옛날 그대와 내가 함께 불경을 싣고 다니던 암소가 지금 죽었는데 나와 함께 장사 지내는 것이 어떻겠는가?"

"좋다."

그래서 함께 사복의 집에 갔다. 사복은 원효에게 포살수계布薩授戒를 해 달라고 하였다. 원효는 시신 앞으로 가서 빌었다.

"태어나지 말지니, 죽는 것이 괴롭구나. 죽지 말지니, 태어나는 것이 괴롭구나."

사복이 말하였다.

"말이 번거롭다."

그래서 원효가 다시 말하였다.

"죽고 사는 것이 괴롭구나."

두 사람은 상여를 메고 활리산活里山 동쪽 기슭으로 갔다.

원효가 말하였다.

"지혜 있는 호랑이를 지혜의 숲 속에 장사 지내는 것이 마땅하지 않은가?"

사복이 곧 게偈를 지어 말하였다.

"옛날 석가모니 부처님께서 사라수 사이에서 열반에 드셨도다. 지금 또한 그러한 자가 있어, 연화장蓮花藏의 세계로 들어가고자 하네."

말을 마치고 띠풀의 줄기를 뽑으니, 아래에 밝고 청허淸虛한 세계가 있었는데, 칠보난간에 누각이 장엄하여 아마도 인간 세상이 아니었다. 사복이 시체를 업고 땅 속으로 함께 들어가니 땅이 다시 합쳐졌다. 원효는 곧 돌아왔다.

원효와 사복이 주고받은 말은 짧지만 수행을 많이 한 승려가 아니면 주고받기 힘든 말이다. 세상의 궁극적인 이치가 담겨 있는 높은 경지에서 나오는 말이다.

'천축으로 간 여러 승려'는 원광이나 자장, 의상처럼 중국에 유학했다가 거룩한 유적을 보기 위해 인도까지 간 승려들에 대한 기록이다. 그 승려들 가운데 혜초가 있다. 『왕오천축국전往五天竺國傳』을 지은 승려이다. 『왕오천축국전』은 인도를 여행하고 쓴 기행문으로 세계 4대 기행서에 들 정도로 뛰어난 책이다. 천축국은 바로 인도인데, 당시 인도를 동서남북과 중앙으로 나누어 불렀기 때문에 오천축국이라 했다. 이 책은 1908년에 프랑스의 동양학자 펠리오에 의해 중국 간쑤성甘肅省의 둔황敦煌에서 발견되어 고대에 동쪽과 서쪽이 어떻게 교류했는지를 연구하는 데 매우 귀중한 자료로 쓰인다.

그런데 이 조에는 혜초의 이름이 보이지 않는다. 일연은 여러 스님의 이름을 열거하고는, 오직 현태라는 스님만이 당나라로 돌아왔고 그 밖에 신라나 당나라에 살아 돌아온 이가 없다고 했다. 혜초도 예외가 아니나 그의 이름은 빠져 있으니 그 까닭은 알 길이 없다.

신라 불교를 대중화한 승려 원효. 그의 교화로 신라 사람들은 부처를 알고 나무아미타불을 부르게 되었다. 원효는 당시 신라 말로 '새벽'을 뜻한다. 불교를 처음으로 빛나게 했음을 말한다.

『삼국유사』의 전체적인 구조에서 보면「흥법」편에서 불교가 어떻게 전래되었는지를,「탑상」편에서 불교가 전파되는 과정에서 일어난 여러 고사를 다루었다면「의해」편에서는 가을에 맺는 열매처럼 원숙한 승려들의 일화를 소개했다고 볼 수 있다.「흥법」편을 봄으로,「탑상」편을 여름으로 본다면「의해」편은 풍성한 가을에 비유할 수 있다.

신비로운 힘
「신주神呪」

　　　　　　　　『삼국유사』 권제5는 「신주神呪」 제6으로 시작된다.
권제5를 펼치면 이전 네 권에서 볼 수 없는 것이 나온다. 바로『삼국
유사』의 저자인 일연의 이름이다. 권제5 첫머리에 이렇게 적혀 있다.

　국존 조계종 가지산 인각사 주지 원경충조 대선사 일연 지음
　國尊曹溪宗迦智山下麟角寺住持圓鏡冲照大禪師一然撰

　국존國尊이라는 말은 국사라는 말과 다르지 않다. 나라에서 가장
존경받는 스승이라는 뜻이다. 가지산은 신라 선종 구산의 한 갈래인
가지산문을 뜻한다. '원경충조圓鏡冲照'는 국사가 된 뒤 받은 호이
다. 만약 이 마지막 권에서마저 일연이 지었다는 말이 없었다면『삼
국유사』는 지금까지도 작자 미상으로 남아 있지 않았을까. 일연의

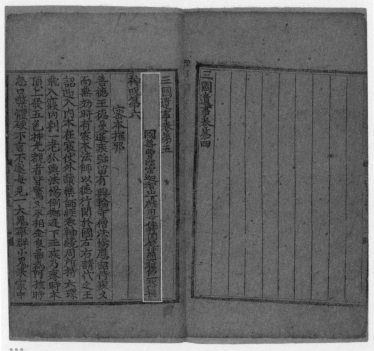

권제5 「신주」 제6에 들어서야 저자 일연의 이름이 보인다. 이마저 없었다면 우리의 위대한 문화 유산인 『삼국유사』는 작자 미상으로 남았을 것이다.

행적을 기록한 비문에도 일연이 『삼국유사』를 지었다는 내용이 없는 까닭이다.

　신주라는 말은 신비로운 주술로 해석할 수 있는데, 흔히 떠올리기 쉬운 사악한 주술이 아니라 신라 시대에 상당히 성행한 것으로 보이는 밀교密教 신승神僧들의 기이한 행적과 관련된 것이다. 「신주」 편은 「기이」 편과 더불어 신비로운 이야기가 담겨 있는 편목이지만 세

편의 이야기밖에 실려 있지 않다. 이 가운데 두 번째 이야기인 '혜통이 용을 굴복시키다'를 함께 읽어 보자.

승려 혜통은 그 씨족이 자세하지 않다. 속인이었을 때 그의 집은 남산 서쪽 기슭의 은천동 어귀에 있었다.

어느 날, 집 동쪽 시냇가에서 놀다가 수달 한 마리를 잡아 죽이고는 뼈를 동산에 버렸는데, 이튿날 아침에 그 뼈가 없어졌다. 그래서 핏자국을 따라갔더니 그 뼈는 옛날에 살던 굴 속으로 들어가 다섯 마리의 새끼를 끌어안고 웅크리고 있었다. 혜통이 그것을 바라보고는 한참 동안 놀라워하고 탄식하며 머뭇거리다가 마침내 속세를 버리고 출가하여 이름을 혜통으로 바꿨다.

혜통이 당나라로 가서 선무외 삼장善無畏三藏을 찾아뵙고 배움을 간청하니 삼장이 말하였다.

"해가 뜨는 변방 사람이 어찌 불법의 기량을 감당하겠는가?'

·그러고는 끝내 가르쳐 주지 않았다. 혜통은 쉽사리 떠나지 않고 3년 동안 열심히 섬겼으나 그래도 허락하지 않았다. 혜통이 분하고 애가 타서 뜰에 서서 머리에 화로를 이자 잠깐 사이에 이마가 터지면서 우레 같은 소리가 났다. 삼장이 이 소리를 듣고 와 보고는 화로를 내리고 손가락으로 터진 자리를 만지며 주문을 외우자 상처가 그전대로 아물었는데, 임금 왕 자 모양의 흉터가 생겼다. 때문에 그를 왕화상王和尙이라 일컫고 큰 그릇이 될 것으로 여겨 인결印訣을 가르쳐 주었다.

이때 당나라 황실의 공주가 병이 나자 고종은 삼장에게 구해 주기를 요청하였다. 삼장은 자기 대신 혜통을 천거하였다. 혜통이 명을 받고 따로 머물면서 흰콩 한 말을 은그릇 속에 넣고 주문을 외우자, 그것이 흰 갑옷을 입은 귀신 군사로 변하였다. 그 군사로 마귀를 쫓아내려 했으나 이기지 못하였다. 다시 검은콩 한 말을 금그릇 속에 넣고 주문을 외우자 검은 갑옷을 입은 귀신 군대로 변하였다. 두 색깔의 귀신 군대가 힘을 합쳐 마귀를 쫓아내자 갑자기 교룡이 뛰쳐나가고 마침내 공주의 병이 낫게 되었다.

교룡은 혜통이 자신을 쫓아낸 것을 원망하여 신라의 문잉림으로 가서 수많은 사람의 목숨을 해쳤다. 이때 정공鄭恭이 당나라에 사신으로 갔다가 혜통을 만나 말하였다.

"스님이 내쫓은 독룡毒龍이 본국에 와서 심한 피해를 끼치니, 빨리 없애도록 하시오."

혜통은 정공과 함께 인덕 2년 을축년(665)에 본국으로 돌아와 독룡을 쫓아냈다. 그러자 독룡은 이번에는 정공을 원망하면서 버드나무에 기대어 정공의 집 문 밖에 살았는데, 정공은 이것을 모르고 그 나무가 무성한 것을 감상하면서 무척 아꼈다.

신문왕이 죽고 효소왕이 자리에 올라 임금의 무덤을 고쳐 짓고 장사 지낼 길을 만드는데, 정공의 집 버드나무가 길을 막고 있자 관리가 베어 버리려고 하였다. 그러자 정공이 크게 화를 내며 말하였다.

"차라리 내 머리를 벨지언정 이 나무는 베지 못한다."

관리가 왕에게 아뢰니 왕이 매우 화가 나 법관에게 명령하였다.

"정공이 왕화상의 신술을 믿고 임금의 명을 거스르며 제 머리를 베라고 하였으니 원하는 대로 해주는 것이 마땅하리라."

그래서 정공을 죽이고는 그 집을 묻어 버렸다.

조정에서 이렇게 의논하였다.

"왕화상은 정공과 상당히 친밀했으므로 반드시 정공의 죽음을 의심할 것입니다. 그를 먼저 없애야 합니다."

왕은 군사를 풀어 왕화상을 잡아들이도록 하였다. 혜통은 왕망사에 있다가 군사가 오는 것을 보고는 지붕으로 올라가 주사朱砂가 든 병을 가지고 붉은 먹을 붓에 묻혀 이렇게 외쳤다.

"내가 하는 것을 보아라."

그러고는 병목에다 한 획을 그으며 말하였다.

"너희들은 모두 각자의 목을 보아라."

그들이 자신의 목을 보니 모두 붉은 줄이 그어져 있어 서로를 보고 깜짝 놀랐다. 혜통이 또 말하였다.

"만약 내가 병목을 자르면 너희들의 목도 당연히 잘릴 것이니, 어떻게 하겠느냐?"

군사들은 혼비백산하여 도망갔다. 그들이 목에 붉은 줄이 그어진 채로 왕에게 달려가니, 왕이 말하였다.

"승려의 신통력을 어떻게 사람의 힘으로 도모하겠느냐?"

왕은 혜통을 그냥 내버려두었다.

왕녀가 갑자기 병이 생겨 왕이 혜통에게 고치라고 명하니 곧 나았다.

왕이 몹시 기뻐하자 혜통이 말하였다.

"정공은 독룡의 더럽힘을 받아 애매하게 나라의 형벌을 받은 것이다."

왕은 그 말을 듣고는 후회하는 마음이 생겨 정공의 처자식을 방면해 주고, 혜통을 국사로 삼았다.

독룡은 정공에게 원수를 갚고 난 후 기장산으로 가 웅신熊神이 되었다. 그 악독함이 극심하여 백성들이 몹시 괴로워하였다. 혜통이 산으로 가서 독룡을 타일러 불살계不殺戒를 주니, 웅신의 해로움이 바로 그쳤다.

용이 산으로 들어가 곰신령(웅신)이 되었다는 구절이 있는데, 그것은 기존의 전통 신앙과 불교의 대립을 엿볼 수 있는 부분이다. 곰 하

●●● 혜통은 스승이 가르침을 내리지 않자 분하고 애가 타는 마음에, 뜰에 있는 화로를 뒤집어 썼다.

면 단군의 어머니 웅녀가 떠오르는데, 곰은 동북아시아에서 가장 신령스러운 동물로 꼽힌다. 특히 고대의 전통 신앙에서 곰은 바로 신이었다. 따라서 이 부분은 불교가 신라의 전통 신앙을 밀어내고 정착하는 과정을 보여 주는 기사이기도 하다.

「신주」의 다른 이야기들도 그때까지 사람들이 믿고 있던 전통적인 신앙과 불교의 대립을 통해 불교의 우위를 드러냈다. 혜통의 고사는 신라 31대 신문왕(재위 681~692)과 32대 효소왕(재위 643~702) 때가 시대적 배경이다. 그 말은 신라가 삼국을 통일한 직후에도 불교가 민간에 완전히 뿌리를 내리지 못했음을 뜻한다.

불교는 신라 후기로 가면서 자리를 잡게 된다. 그때가 되면 더 이상 전통 신앙과 대립하지 않고 서로 융합하게 된다. 일연이 살았던 고려 시대는 이렇듯 불교와 전통 신앙이 잘 어울린 시대였다. 여러 종교가 서로 다투지 않고 화합하면서 사회를 이끌었다.

마음이 통하는 세상
「감통感通」

앞에서 본 대로 신라는 이차돈의 순교를 계기로 불교를 공인하고 국교로 인정하였다. 23대 법흥왕 527년의 일로 기록되고 있다. 신라는 30대 문무왕에 이르러 한반도의 삼국 시대를 끝내고 통일을 이룩한다(668). 신라는 통일 이후 넓어진 영토를 효율적으로 다스리기 위해 체제를 정비하고 문화 진흥에 힘썼다. 그리하여 통일 후 120여 년간 문화의 황금기를 구가했는데, 35대 경덕왕 때가 그 전성기였다.

신라 불교는 이차돈의 순교를 부를 만큼 토착 신앙과 갈등이 있었지만 이후로는 서서히 민간에 정착되어 갔다. 「흥법」, 「탑상」, 「의해」, 「감통」을 불교 전래 과정의 순차적 배치로 보았을 때, 「감통」편은 그 완성이라고 볼 수 있겠다.

감통은 생각이나 마음이 서로 통하는 것을 말한다. 우리는 「감통」

편에서 신라 사회에 불교가 대중화되어 보통 사람들의 생각과 삶을 이끄는 고갱이로 자리잡은 불교를 만나게 된다. 평범한 신도들이 지극한 불심으로 한결같이 도를 닦아 극락에 이르는 이야기, 「의해」편에 실린 고승에는 미치지 못하나 덕을 높이 삼직한 승려들의 질박한 이야기가 주는 감동에도 귀기울여 볼 만하다. 또한 「감통」편에는 『삼국유사』에 실린 14수의 향가 중 네 수가 포함되어 있다. '도솔가', '제망매가', '원왕생가', '혜성가' 인데, 도솔가와 제망매가는 '월명사의 도솔가' 조에 딸려 있고, 원왕생가는 '광덕과 엄장' 조에, 혜성가는 '융천사의 혜성가' 조에 전해진다.

「감통」편 10개 조 중 먼저 보이는 것이 '선도성모가 불사를 좋아하다'이다. 안흥사에 지혜라는 비구니가 있었다. 그녀는 불전을 새로 수리하려고 했지만 힘이 미치지 못했다. 그녀의 원망은 선도산仙桃山 신모神母에게 통했다. 꿈에 신모가 나타나 금 10근을 시주한다고 하였다. 지혜가 무리를 이끌고 신사神祀에 가서 꿈속 신모가 앉았던 자리를 파 보니 황금 160냥이 있었다. 그런데 지혜 비구니의 이야기는 여기까지이고, 신모의 태생에 관한 내용이 그 뒤를 잇는다.

신모는 중국 황실의 딸로 오랫동안 신라에 와 머물면서 돌아가지 않자 황제가 소리개의 발목에 편지를 매달아 보낸다. 편지에는 소리개가 멈추는 곳에 집을 지으라고 되어 있었다. 신모가 소리개를 날려 보내자 소리개는 선도산에 와서 멈추었다. 그리하여 신모는 선도산에 살면서 신령스러운 일을 베풀어 나라를 지켰다. 그리고 이야기는 계속 이어지는데, 여기서 뜻밖에도 혁거세와 관련된 새로운 기사를 발견한다.

신모가 처음 진한에 와서 신령한 아들을 낳아 동쪽 나라의 첫 임금이 되었으니, 아마 혁거세와 알영 두 성인의 시초일 것이다. 계룡鷄龍, 계림鷄林, 백마白馬 등으로 일컬은 것은 닭이 서쪽 방위에 속하기 때문이다.

혁거세는 신라의 시조로 난생하였고 그의 부인 알영도 난생한 인물이다. 이는 삼국의 개국 시조들의 탄생 설화로 「기이」 편에 있는 내용이다. 일연이 실수를 했거나 다른 주장을 하고 있다고 여길 수도

●●●
선도산 마애삼존불은 산 정상 가까운 높은 암벽에 새겨져 있다. 얼굴 부분의 훼손이 심한 가운데 불상이 높이 7미터의 아미타여래입상이고, 왼쪽이 관음보살상, 오른쪽이 대세지보살상이다. 아미타여래는 서방 극락 세계를 다스리고, 관음보살과 대세지보살은 아미타여래의 좌우를 모시는 보살로 각각 자비와 지혜를 상징한다.

있는데, 이미 「기이」편 '신라 시조 혁거세왕' 조 본문에 일연이 달아 놓은 주를 통해 이설의 존재를 인정하고 있음을 볼 수 있다.

해설가들에 따르면, "이는 서술성모西述聖母가 낳은 바니, 중국 사람들이 선도성모를 찬양하는 말에 어진 이를 낳아서 나라를 세웠다는 말이 그것 이다. 그러기에 계룡이 상서로움을 나타내어 알영을 낳은 것 역시 서술성 모가 나타났음을 뜻함이 아니겠는가"라고 한다.

서술성모는 곧 선도성모이다. 일연이 혁거세와 알영을 알에서 태 어나게 한 주체로 선도성모를 조심스럽게 끌어다 놓음을 알 수 있다.

사실 선도성모 조는 후반부가 신모의 이야기로 채워지면서 「기이」 편의 성격을 띠게 되었다. 「감통」편다운 이야기는 두 번째 조부터 곧 만나게 된다.

'계집종 욱면이 염불하여 극락에 오르다' 조는 제목을 보고 내용을 짐작할 것이다. 미타사라는 절에서 남자 신도 수십 명이 정성껏 극락 세계를 구하고 있었다. 신도 중 귀진이라는 자가 있었다. 그 집의 계 집종 욱면이 주인을 따라 절에 와서는 뜰 가운데 서서 스님을 따라 염 불하였다. 주인은 욱면이 일을 게을리한다고 여겨 곡식 두 섬을 주고 하루 저녁 내내 찧게 하였다. 욱면은 이 일을 초저녁에 다 마치고 절 에 와 염불하는 것을 거르지 않았다. 욱면이 염불에 정진하는 장면은 원문으로 읽어 볼 만하다.

그녀는 뜰의 좌우에다 긴 말뚝을 세우고 두 손바닥을 뚫어 새끼줄로 꿴 다음, 말뚝 위에 매달아 합장하고 좌우로 흔들면서 스스로를 위로하였다. 이때 공중에서 소리가 들렸다.

"욱면 낭자는 법당에 들어가 염불하라."

절에 있던 사람들이 그 말을 듣고 계집종을 불당으로 들어오게 하여 이전과 같이 정진하게 하였다. 얼마 후 서쪽 하늘에서 음악 소리가 들려오더니 계집종의 몸이 솟아올라 지붕을 뚫고 나갔다. 서쪽 교외로 가 육신을 버리고 부처의 몸으로 변해 연화대에 앉아 광채를 내며 천천히 사라졌다. 하늘에서는 음악 소리가 그치지 않았다. 그 불당에는 지금까지도 욱면이 뚫고 나간 구멍이 있다고 한다.

손바닥에 구멍을 뚫어 말뚝에 묶어 놓고 염불에 전념하는 자세는 서방정토에 왕생코자 하는 욱면의 염원이 얼마나 간절한지를 보여 주는 대목이다. 욱면이 신체 훼손도 불사하고 극락왕생을 염원한 것에서 당시 신라 불교에 나타난 특정 경향을 읽을 수 있다. '미타 신앙'으로 일컬어지는 이런 현상은 현생에서 누리는 개인의 복을 극락에서도 잇고 싶어하는 소망이 강하게 표출된 것으로 당시 사회 전반에 팽배해 있었던 것으로 보인다.

욱면의 극진함은 하늘과 감통하였으나, 아무래도 범인들을 주춤하게 만드는 구석이 있다. 경쾌한 소품의 느낌으로 슬쩍 웃으면서 볼 수 있는 이야기가 있다. '경흥이 성인을 만나다'라는 조이다.

문무왕이 승하하기 전 신문왕에게 경흥법사를 국사로 삼으라는 유언을 남겼다. 문무왕의 유언대로 경흥은 국사가 되었다. 어느 날, 경흥이 매우 성대하게 차려입고 화려한 안장을 얹은 말을 타고 궁궐로 들어가려 하였다. 길 가던 사람들이 이를 보고 모두 두려워하며 물러났다. 그런데 행색이 초라한 웬 거사가 지팡이를 짚고 광주리를 지고서 근처에서 쉬고 있었다. 경흥을 따르는 자가 거사의 광주리에 말린 물고기가 들어 있는 것을 보고 계율에 어긋남을 따져 물었다. 그러자 거사가 "양쪽 다리 사이에 산 고기를 끼고 있는 것에 비하면 등에 말린 물고기를 지고 있는 것이 뭐가 나쁘냐?"고 대꾸하고는 가 버렸다. 경흥이 그 말을 듣고 사람을 시켜 뒤를 따라가 보게 했다. 그러나 거사는 자취도 없고 다만 짚었던 지팡이가 문수보살상 앞에 세워져 있고 말린 물고기 모양의 소나무 껍질이 놓여 있었다. 그 뒤로 경흥은 죽을 때까지 말을 타지 않았고 덕행에 힘써 그 이름을 남겼다.

신라 번성기의 정점이었던 경덕왕 대의 고사로 전하는 '월명사의 도솔가' 조에는 월명사가 죽은 누이동생을 기리며 지은 향가가 실려 있다. 태평성대의 시기였던 만큼 풍속의 안온함을 느낄 수 있는 이야기이다.

경덕왕 19년 경자년(760) 4월 초하루에 두 해가 나란히 나타나 열흘이 되어도 사라지지 않았다. 천문을 맡은 관리가 아뢰었다.

"인연 있는 승려를 청하여 산화공덕散花功德을 하면 재앙을 물리칠 수 있을 것입니다."

그리하여 조원전朝元殿에 깨끗이 단을 만들고 왕이 청양루靑陽樓에 행차하여 인연 있는 승려가 오기를 기다렸다. 이때 월명사가 밭 사이로 난 남쪽 길을 가고 있었다. 왕이 사람을 보내 그를 불러 단을 열고 기도문을 짓게 하였다. 월명사가 왕에게 아뢰었다.

"신승은 국선의 무리에 속하여 단지 향가만을 알 뿐 범성梵聲은 익숙하지 못합니다."

왕이 말하였다.

"이미 인연 있는 승려로 뽑혔으니, 향가를 짓는다 해도 좋소."

이에 월명사가 '도솔가'를 지어 불렀는데, 그 가사는 이렇다.

오늘 이렇게 산화가를 부를 제

뿌린 꽃아 너는

참다운 마음 시키는 그대로

부처님을 모시어라.

풀이하면 다음과 같다.

청양루에서 부른 이 날의 산화가를

한 송이 꽃인 양 하늘로 보냅니다.

지극한 정성 다하여

멀리 도솔천의 부처님을 모시려고.

　지금 세속에서는 이를 가리켜 '산화가'라고 하나 잘못된 것이니 마땅

히 '도솔가'라고 해야 한다. 이와 별도로 '산화가'가 있으나, 글이 번잡하

여 싣지 않는다.

　(중략)

　월명사는 또 죽은 누이동생을 위해 재를 올리면서 향가를 지어 제사를

지내는데, 문득 회오리바람이 일어나더니 종이돈을 날려 서쪽으로 사라

지게 하였다. 향가는 이렇다

삶과 죽음의 길은

여기 있으니 두려워지고

나는 간다는 말도

못다 이르고 어찌 가는가.

어느 가을 이른 바람에

여기저기 떨어지는 나뭇잎처럼

한 가지에 나서 가는 곳을 모르는구나!

아아, 미타찰彌陀刹에서 만날 나

도를 닦으며 기다리련다.

월명사는 언제나 사천왕사四天王寺에 살면서 피리를 잘 불었다. 일찍이 달밤에 피리를 불며 문 앞의 큰 길을 지나가자, 달이 그를 위해서 운행을 멈추었다. 이 때문에 이 길을 월명리月明里라 하였으며 월명사 또한 이 일로 이름을 드날리게 되었다.

둥근 달이 하늘에 휘영청 걸려 있고 풀벌레 소리도 잦아든 한적한 길에서 승려가 피리를 분다. 고운 피리 소리를 잘 듣기 위해 달이 걸음을 멈춘다. 달이 그러할진대, 세상 모든 것이 귀를 기울여 월명사의 피리 소리를 들었을 것이다. 피리 소리 하나에도 온 세상이 귀를 기울일 만큼 평화롭고 고요했던 시대를 잘 보여 준다.

단군 신화에서 곰은 쑥과 마늘을 먹으며 버티었지만 호랑이는 견디지 못하고 동굴을 뛰쳐나가고 말았다. 그런데 그 이후 한국 문화에서 정작 곰은 어디론가 사라지고 그 자리에 호랑이만 남았다. 1988년에 개최된 서울 올림픽의 마스코트도 곰이 아닌 호랑이 호돌이였다. 민화에도 작호도鵲虎圖라 불리는 까치호랑이 그림은 있지 곰을 그린 것은 없지 않은가. 또 한국 사람이라면 호랑이 이야기를 최소한 몇 편은 알고 있다. 「감통」 편에 나오는 호랑이 이야기는 김현이라는 화랑과 호랑이 처녀의 사랑 이야기인데 비극적 결말을 맺고 있어 처연함이 절절하다.

이야기는 신라의 풍속이었던 탑돌이 장면으로 시작한다. 음력 2월이 되면 남녀가 삼삼오오 몰려들어 전각과 탑을 돌며 복을 비는 것이다. 김현이라는 화랑이 밤늦도록 탑돌이를 하고 있는데, 그의 뒤를 따라 돌며 염불을 외는 처녀가 있었다. 둘은 서로 눈길을 주고받았고 정이 통하여 탑돌이를 마치자 관계하였다. 집으로 돌아가려는 처녀가 사양하고 거절했지만 김현은 한사코 그녀의 집으로 따라갔다. 산기슭에 있는 초가 안에는 노파가 있었다. 노파가 따라온 이가 누구냐고 묻자 처녀는 사실대로 말했다. 노파는 좋은 일이지만 없었던 것만 못하다며 우선은 남자를 숨겨 주라고 했다. 곧이어 호랑이 세 마리가 들이닥쳤다. 처녀의 오라비들이었다. 호랑이들은 집 안에 누린내가 난다며 요기를 하자고 했다. 이때 하늘에서 음성이 들려왔다. 호랑이들이 목숨을 해침이 심하니 어느 한 마리가 죽어 징계를 받으라는 것이었다. 처녀의 오라비들은 벌벌 떨기만 할 뿐 누구 하나 나서지 않았다. 처녀는 자기가 그 벌을 받겠다고 나섰다. 다음 장면부터는 원문을 읽어 보자. 처녀가 김현에게 말하는 대목이다.

"처음에 저는 낭군께서 저희 집에 오시는 것을 부끄럽게 여겨 오지 못하게 한 것인데, 이제는 숨길 것이 없으니 속마음을 털어 놓겠습니다. 비록 제가 낭군과 같은 부류는 아니지만 하룻밤의 즐거움을 같이했으니 그 의리는 부부의 결합처럼 소중한 것입니다. 그런데 세 오라비의 악행을 이미 하늘이 미워하니, 우리 집안의 재앙을 제가 감당하려고 합니다. 다른 사람의 손에 죽는 것이 어찌 낭군의 칼에 죽어 은혜를 갚는 것과 한가지이겠습니까? 제가 내일 저자로 들어가 사람을 심하게 해치면 나라 사람들이 저를 어찌할 수 없을 것입니다. 그러면 임금께서 반드시 높은 벼슬을 내걸고 저를 잡으려 할 것입니다. 그때 낭군께서 겁내지 말고 저를 좇아 성 북쪽 숲으로 오시면 제가 낭군을 기다리고 있겠습니다."

김현이 말하였다.

"사람이 사람을 사귀는 것은 인륜의 도리이지만, 다른 부류와 사귀는 것은 정상이 아닙니다. 그러나 이렇게 되었으니 진실로 하늘이 준 운명인데, 어찌 차마 배필의 죽음을 팔아서 요행으로 한 세상의 벼슬자리를 바라겠습니까?"

"낭군께서는 그런 말씀을 하지 마십시오. 지금 제가 일찍 죽는 것은 하늘의 명이고 저 또한 바라는 바입니다. 낭군의 경사이고 우리 가족의 축복이며 온 나라 사람들의 기쁨입니다. 하나가 죽어 다섯 가지 이로움이 있는데 어찌 꺼리겠습니까? 다만 저를 위해 절을 짓고 강론하여 좋은 업보를 얻는 데 도움이 되게 해주시면 낭군의 은혜는 더없이 클 것입니다."

김현과 처녀는 서로 울면서 작별했다. 다음 날, 과연 사나운 호랑이가 성 안으로 들어와 사람들을 해치니 감당할 수가 없었다. 원성왕은 그 소식을 듣고 명을 내렸다.

"호랑이를 잡는 사람에게 2급의 벼슬을 내리겠다."

김현이 궁궐로 가서 아뢰었다.

"소신이 그 일을 해내겠습니다."

원성왕은 벼슬을 내리고 그를 격려하였다. 김현이 칼 한 자루를 들고

숲속으로 가니, 호랑이는 처녀로 변하여 웃으면서 말하였다.

"간밤에 낭군과 함께 진심을 털어놓고 나눈 말을 잊지 마십시오. 오늘 제 발톱에 다친 사람들은 모두 흥륜사의 간장을 바르고 그 절의 나팔소리를 들으면 나을 것입니다."

말을 마치고 처녀는 김현이 차고 있던 칼을 뽑아 자신을 찔렀다. 그러자 처녀는 바로 호랑이가 되었다. 김현이 숲에서 나와 말하였다.

"지금 여기에서 호랑이를 대번에 잡았다."

사정은 말하지 않고 단지 호랑이가 일러 준 대로 사람들을 치료하게 하니 상처가 모두 나았다. 지금 풍속에도 호랑이에게 입은 상처에는 이 방법을 쓴다.

김현은 등용된 후 서천 가에 절을 세우고 호원사虎願寺라 하였다. 항상 『범망경梵網經』을 강론하여 호랑이의 명복을 빌고, 호랑이가 제 몸을 죽여 자기를 성공하게 한 은혜를 갚았다.

김현과 호랑이 처녀가 탑돌이를 한 흥륜사는 신라에 불교를 전하려다 박해를 받아 자결한 아도화상이 세운 절이다. 신라의 서울 중심에 있는 비중 있는 사찰로 민간 대중들이 널리 찾아 풍속을 행하는 곳이었다. 한 편의 옛 이야기로 보아도 손색이 없는 '김현감호' 설화는 문학 교과서에 '호원虎願'이라는 제목으로 실려 있어 낯설지 않을지도 모른다. 단군 신화에서 동굴을 뛰쳐나간 호랑이는 이야기 속 주인공으로 사람들 주위에 머물면서 여전히 사람이 되고 싶어한다고 생각할 수 있지 않을까? 다르게 이야기하면 사람들이 호랑이를 떠올리면서 그렇게 생각하고 있다는 말이기도 하다. 김현의 이야기는 중국의 고사에서 따온 것으로 본다. 그러나 굳이 중국의 이야기를 따서 우리의 것으로 삼은 것은 위와 같은 이유가 작용했기 때문일 것이다.

불경에 염화미소拈花微笑라는 말이 있다. 부처가 설법을 하던 도중 연꽃을 들어 대중에게 보였다. 아무도 그 뜻을 몰랐지만 가섭만은 그 뜻을 알고 미소를 지었다는 고사에서 유래한 말이다. 염화미소는 불교의 세계에만 있지 않다. 굳이 말을 하지 않아도 마음이 통할 때 우리는 이 말을 쓴다. 일연은 「감통」편에 수록한 이런 이야기들을 통해 바로 그 아름다웠던 때를 되살려 내고 싶어했던 것은 아닐까.

번잡한 세상을 피해 숨다
「피은避隱」

어느 시대에나 세상의 번잡함을 떠나 숨어 지낸 사람들이 있었다. 옛 이야기에 자주 등장하는 백이와 숙제는 주나라의 무왕이 은나라를 공격하려고 하자 이를 만류했다. 그러나 무왕이 듣지 않자 수양산으로 들어가 고사리를 캐먹다가 죽었다. 이렇듯 자기의 생각이 받아들여지지 않는 세상을 한탄하며 숨어 지낸 사람이 있는 반면에 세상의 덧없음을 피해 이름도 남기지 않고 숨어 버린 많은 사람들이 있다.

「피은」편에서는 불교의 높은 경지에 올랐으나 세속을 멀리하고 은둔한 승려와 사람들의 행적을 소개한다. 이 편을 읽다 보면, 일연이 여기에 나오는 사람들을 부러워했을지도 모른다는 생각이 든다. 연회와 포산의 두 승려 이야기는 일연의 삶을 떠올리게 한다.

고승 연회가 영취산에 숨어 살며 늘 『법화경』을 읽고 보현관행普賢觀行을 닦았다. 뜰의 연못에는 언제나 연꽃 몇 송이가 피어 있어 사시사철 시들지 않았다. 원성왕이 그 상서롭고 기이함을 듣고 그를 불러서 국사로 삼고자 하였는데, 법사는 그 말을 듣고 암자를 버리고 달아났다. 그가 서쪽 고개 바위 사이를 지나가는데, 어떤 노인이 밭을 갈고 있다가 물었다.

"법사께서는 어디를 가십니까?"

법사가 대답하였다.

"내가 들으니, 나라에서 잘못 알고 벼슬로 나를 얽매어 두려고 해서 그 것을 피하려는 것이오."

노인이 듣고는 말하였다.

"법사의 이름은 여기서도 팔 수 있는데, 왜 힘들게 멀리 가서 팔려고 하십니까? 법사야말로 이름 팔기를 싫어하지 않는군요."

연회는 자기를 업신여기는 것이라 생각하고 듣지 않았다. 몇 리를 더 가다가 시냇가에서 한 노파를 만났는데 또 이렇게 물었다.

"법사께서는 어디로 가십니까?"

법사는 이전처럼 대답하였다. 노파가 말하였다.

"앞서 사람을 만난 적이 있습니까?"

"어떤 노인이 나를 매우 모욕하기에 화를 내고 왔습니다."

"그분은 문수보살인데, 어찌 그 말씀을 듣지 않았습니까?"

연회는 그 말을 듣고는 놀랍고 송구스러워하며 급히 노인이 있던 곳으로 되돌아가 머리를 조아리며 사과하여 말하였다.

"보살님의 말씀을 어찌 감히 거역하겠습니까. 그래서 다시 돌아왔습니다만 시냇가의 그 노파는 누구신지요?"

노인이 말하였다.

"변재천녀辯才天女이시다."

(중략)

그리하여 법사가 노인에게 감명받은 곳을 문수점이라 하고, 노파를 만났던 곳을 아니점阿尼岾이라 하였다.

'포산의 거룩한 두 승려'는 포산에 숨어 살던 관기와 도성이라는 승려의 이야기이다.

신라 시대에 관기觀機와 도성道成이란 두 승려가 있었는데, 어느 곳 사람인지는 알 수 없으나 함께 포산에 살고 있었다. 관기는 남쪽 고개에 암자를 짓고 살았고, 도성은 북쪽 굴 속에 살아 서로 10리쯤 떨어져 있었다. 이들은 구름을 헤치고 달을 노래하며 매일 서로 오고 갔다. 도성이 관기를 부르려고 하면 산 속의 수목이 모두 남쪽을 향해 구부러져 서로 맞이하는 형상을 하여 관기는 그것을 보고 도성에게로 갔고, 관기가 도성을 맞이하려고 하면 역시 나무가 북쪽으로 구부러지므로 도성도 관기에게 가게 되었다. 이렇게 하기를 몇 년이나 되었다.

도성은 늘 그가 살고 있는 뒷산의 높은 바위 위에 조용히 앉아 있었다. 어느 날 바위 틈에서 몸이 솟구쳐 나와 온몸이 공중으로 올라가 간 곳을 알 수가 없었다. 어떤 이는 수창군에 이르러 죽었다고 한다. 관기도 그 뒤를 따라 죽었다. 지금은 두 대사의 이름을 그 터의 이름으로 삼고 있는데 모두 터가 남아 있다. 도성암은 높이가 두어 길이나 된다. 후세 사람들이 그 굴 아래에 절을 세웠다.

(중략)

내가 일찍이 포산에 살면서 두 승려가 남긴 아름다운 덕을 기록한 것이 있기에 지금 여기에 함께 싣는다.

비슬산은 일연 당시 포산으로 불렸고, 소슬산이라는 다른 이름도 갖고 있었다. 대구광역시, 달성군, 청도군, 경산군의 경계를 이루는 웅장한 산이다. 봄에는 참꽃이 온 산을 태워 장관을 이룬다. 일연은 두 차례에 걸쳐 약 30년간 비슬산에 머물렀다. 일연이 득도한 곳도 비슬산 무주암이다.

자색 띠풀과 거친 수수로 배를 채우고,

입은 옷은 나뭇잎이지 베가 아니더라.

솔바람이 차갑게 부는 험한 바위산,

해 저문 숲 아래로 나무꾼이 돌아오네.

깊은 밤 밝은 달 아래에 앉아 있으니,

반쯤 젖혀진 옷깃이 바람에 나부낀다.

부들자리 깔고 누워 잠이 드니,

꿈에도 혼이 티끌 같은 세상에 얽매이지 않는다.

구름은 무심코 떠가는데 두 암자의 터에는

산사슴만 제멋대로 뛰놀고 인적은 드물다.

일연은 포산에서 지낸 인연이 있어 두 승려의 행적에 대해 들었을 것이며 그것을 『삼국유사』에 실었다. 묘하게도 일연이 깨달음을 얻은 곳도 포산 무주암이었다. 일연의 득도가 도성의 몸이 바위 틈에서 뛰쳐나가 하늘로 올라간 것과 비슷하지는 않았을까?

승려가 아닌 보통 사람들의 이야기도 있다. 벼슬을 살다가 친구와 함께 머리를 깎기로 약속하고 승려가 된 신충의 고사 '신충이 벼슬을 그만두다'처럼 뛰어난 승려가 아니라 벼슬을 살다가 승려가 된 사람의 이야기도 있다.

제34대 효성왕이 즉위하기 전에 신충과 가까이 지내면서 잣나무에 대고 왕이 되면 잊지 않겠다는 맹세를 했다. 그러나 막상 효성왕은 신충을 잊고 부르지 않았다. 신충이 왕을 원망하는 노래 '원가怨歌'를 지어 잣나무에 붙이자 나무가 시들었다. 그것을 왕이 알고 신충을 부르자 잣나무가 다시 살아났다. 신충은 훗날 벼슬을 그만두었다. 왕이 다시 불렀지만 이후론 벼슬을 하지 않고 단속사라는 절을 세우고 승려가 되어 평생을 보냈다.

'물계자勿稽子' 이야기의 주인공 물계자는 충성스런 신하이자 지조 있는 선비였다. 그는 여러 차례의 전쟁에서 큰 공을 세웠지만 왕에게 인정받지 못했다. 물계자는 자기가 인정받지 못하는 까닭이 더

신충이 말년에 권세의 무상함을 깨닫고 산으로 들어가 승려가 된 뒤에 지은 절이 단속사斷俗寺이다. 절 이름은 속세를 끊는다는 뜻이지만 신충은 임금에게 탈속의 세상에서 죽을 때까지 복을 빌어 주겠노라고 약속했다. 지금은 절터 위에 동서 삼층석탑과 높다란 당간지주만 남아 옛날의 규모를 말해 주고 있다.
ⓒ 이형권

큰 용기와 충성심이 없기 때문이라고 자기를 탓하며 머리를 풀고 깊은 산 속으로 들어갔다. 물계자는 개울물을 벗 삼아 거문고를 뜯으며 다시는 세상에 나오지 않았다고 전한다.

「피은」 편에서 가장 인상 깊은 이야기는 '혜현이 고요함을 구하다' 이다.

승려 혜현은 백제 사람으로 어려서 승려가 되어 마음을 통일하여 오로지 『법화경』을 외우는 것으로 과업을 삼고 기도하여 복을 청하니 영험이 실로 많았다. 또한 삼론三論을 연구하여 오묘한 뜻을 알아 신과 통하게 되었다.

처음에는 북부 수덕사修德寺에 머물면서 무리들이 있으면 불경을 강론하고 없으면 경을 외니, 사방 먼 곳에서 교화를 흠모하여 문 밖에 신발이 가득하였다. 그는 번잡함을 싫어하여 마침내 강남의 달라산으로 가서 살았다. 그곳은 산이 아주 험준하여 사람이 오고 가기가 어려웠다. 혜현은 조용히 앉아서 잊음(忘)을 갈구하다가 산 속에서 일생을 마쳤다. 함께 공부하던 사람이 시신을 옮겨 석실 안에 두었더니, 호랑이가 그 유해를 모조리 씹어먹고 오직 해골의 혀만을 남겨 두었다. 그런데 추위와 더위가 세 번이나 지나가도 혀는 오히려 붉고 부드러웠다. 그 후에는 차차 변하여 검붉어지고 돌과 같이 단단하게 되었다. 그래서 승려와 속인 들은 모두 그를 존경하여 석탑 속에 간직하였다. 혜현의 세속 나이가 58세였으니, 곧 정관 초년이었다.

혜현은 중국으로 유학을 가지 않고 조용히 물러나 일생을 마쳤으나, 그 이름은 중국에까지 알려졌고 그의 전기도 집필되어 당나라에서도 명성이 자자하였다.

혜현이야말로 「피은」이라는 제목에 가장 잘 어울리는 사람이다.

신라 시대에는 원효처럼 시장에서 사람들과 어울리며 불교를 전한 사람도 있었고, 혜현처럼 몸을 숨기고 산 사람도 있었다. 원효가 살던 시절은 아직 불교가 신라에 널리 전해지지 않았기 때문에 저잣거리에서 노래를 지어 부르는 것이 좋은 포교 방법이었다.

『삼국유사』를 쓴 일연이 살았던 시대는 사회 참여가 절실한 몽골 침략기였다. 오랜 수행으로 덕과 지혜를 쌓은 사람들이 사회를 위해 나서야 하는 시기였다. 일연의 삶이 또한 그러했다. 그러나 일연은 한쪽에 편중되지 않고 은둔자들에게도 따뜻한 눈길을 보냈다. 자칫 세상을 피하고 숨은 사람들을 비겁하다고 말할 수도 있는 시대를 살았지만 그들의 참 마음을 헤아린 것이다.

끝이 없는 세계

「효선孝善」

　　　　　　『삼국유사』의 마지막 편목은 「효선」 제9이다. 여기
에는 효행에 관한 다섯 편의 아름다운 이야기가 실려 있다. 불교에서
출가하여 승려가 된 이는 가족과 연을 단절해야 한다. 하지만 일연은
효가 불교에서도 가벼이 생각하지 않는 덕목임을 말하고 불교를 믿
는 보통 사람들에게 가정 내에서 효를 행하는 것이 불교의 '선善'을
실천하는 길과 이어져 있음을 보여 주려고 한 것 같다. 다섯 편목의
제목은 다음과 같다.

　　진정법사의 효도와 선행이 모두 아름답다眞定師孝善雙美

　　대성이 전생과 이생의 부모에게 효도하다大城孝二世父母

　　향득사지가 다릿살을 베어 아버지를 공양하다向得舍知割股供親

　　손순이 아이를 묻다孫順埋兒

가난한 딸이 어머니를 봉양하다貧女養母

진정 스님의 이야기는 일연의 삶을 그대로 보여 주는 듯해서 가슴이 찡하다.

법사 진정은 신라 사람이다. 그는 승려가 되기 전에 군졸로 있었는데, 집이 가난하여 장가를 들지도 못하고 부역하면서 품팔이하여 곡식을 받아 홀로 된 어머니를 모셨다. 집안의 재산이라고는 겨우 다리가 부러진 솥 하나뿐이었다.

어느 날 어떤 승려가 문 앞에 이르러 절을 짓는 데 필요한 쇠붙이를 구하자 어머니는 솥을 시주하였다.

얼마 후 진정이 집에 돌아오자 어머니는 그 사실을 말하고 아들의 뜻이 어떠한가 살폈다. 진정은 얼굴에 기쁜 기색을 보이며 말하였다.

"부처님의 일을 위해 시주하는 것이 얼마나 다행입니까? 비록 솥이 없다 한들 걱정할 것이 무엇입니까?"

그래서 질그릇을 솥 삼아 음식을 끓여 어머니를 모셨다.

진정은 일찍이 군대에 있으면서 의상법사가 태백산에 머물며 설법을 하여 사람을 이롭게 한다는 말을 듣고는 곧 사모하는 뜻을 가져 어머니에게 말하였다.

"효도를 다하고 나면 반드시 의상법사에게 가서 머리를 깎고 불도를 배우겠습니다."

어머니가 말하였다.

"부처님의 법은 만나기 어렵고 인생은 너무 빨리 지나간다. 그런데 효를 다하고 간다면 너무 늦지 않겠느냐? 어찌 내가 죽기 전에 네가 가서 도를 들었다는 말을 듣는 것만 하겠느냐? 주저하지 말고 빨리 가거라."

진정이 말하였다.

"어머니의 만년에 제가 곁에 있을 뿐인데, 어찌 감히 어머니를 버리고 승려가 되겠습니까?"

"내가 너의 출가에 방해가 된다면, 이는 나를 지옥으로 빠뜨리는 것이다. 비록 남아서 진수성찬으로 봉양한들 어찌 효도가 되겠느냐? 나는 남의 문전에서 의식을 빌어먹더라도 타고난 명을 살 수 있으니 네가 나에게 효도를 하겠거든 그런 말을 하지 말아라."

진정은 오랫동안 깊은 생각에 잠겼다. 어머니는 즉시 일어나 쌀자루를 털어 보니 쌀이 일곱 되가 되었다. 어머니는 그것으로 모두 밥을 지어 놓고 말하였다.

"네가 밥을 지어 먹으면서 가면 더딜까 염려된다. 마땅히 내 눈앞에서 그 중 한 되는 먹고 여섯 되는 싸들고 빨리 가야 한다."

진정은 눈물을 삼키면서 한사코 사양하며 말하였다.

"어머니를 버리고 출가하는 것은 자식된 도리로서 차마 못할 일입니다. 그런데 더군다나 얼마 남지 않은 간장과 며칠분의 양식을 다 싸 가지고 가면 세상에서 저를 뭐라고 하겠습니까?"

그리고 세 번 사양하였으나 어머니는 세 번 권하였다.

그는 어머니의 뜻을 더 이상 어길 수가 없어 길을 떠나 밤낮으로 걸어 사흘 만에 태백산에 도착하여, 의상의 문하에 들어가 머리를 깎고 제자가 되어 진정이라 이름하였다. 3년이 지났을 때, 어머니의 부음이 전해 왔다. 진정은 가부좌하고 입정入定에 들어가 7일 만에 일어났다.

이것을 설명하는 이는 말한다.

"어머니를 생각하는 슬픔이 지극하였던 나머지 아마도 견뎌 낼 수 없었기 때문에 입정하여 슬픔을 씻은 것이다."

또 어떤 사람은 말하였다.

"선정에 들어가 어머니께서 사시는 곳을 관찰하였다."

또 어떤 사람은 말하였다.

"이와 같이 해서 명복을 빈 것이다."

선정을 정하고 나온 후에 진정은 이 사실을 의상대사에게 알렸다. 의상은 제자들을 이끌고 소백산의 추동으로 들어가서 풀을 엮어 집을 짓고 제자 3,000명을 모아 90일 동안 『화엄대전華嚴大典』을 강론하였다. 문인인 지통智通이 그 강론에 참여하여 요점을 간추려서 『추동기錐洞記』 두 권을 만들었으므로 세상에 알려지기에 이르렀다. 강론이 끝나자 진정의 어머니가 꿈에 나타나 말하였다.

"나는 벌써 하늘에서 환생하였다."

맨 처음 읽어 본 일연의 삶을 기억하고 있다면 진정의 이야기에서 일연을 찾아냈을 것이다. 어린 시절 아버지를 여의고 아홉 살 때 어머니의 따뜻한 품을 떠나야 했던 일연은 진정의 이야기에 깊이 공감했을 것이다.

두 번째 이야기인 '대성이 전생과 이생의 부모에게 효도하다'에는 불교의 윤회 사상이 담겨 있다. 윤회란 사람이 해탈할 때까지 계속해서 세상에 다시 태어난다는 말이다. 대성은 가난한 집안에 태어났다가 절에 큰 시주를 하고 곧바로 죽어 재상의 집에 태어났다. 그런데 새로 태어났을 때 손에 예전의 이름이 새겨진 금패를 쥐고 있었고 하늘에서 대성의 죽음과 탄생을 예고했기 때문에 대성이 다시 태어난 것을 알았다. 그래서 예전의 어머니까지 모시고 함께 살았다.

김대성이 젊은 시절 사냥을 좋아해서 한번은 곰을 잡았다. 그날 밤 곰이 꿈에 나타나 이유 없는 살생에 대한 죄를 따져 물었다. 김대성은 그때부터 마음을 다 잡고 곰을 위해서는 장수사라는 절을 세웠고 전생의 부모를 위해서는 석불사, 현생의 부모를 위해서는 한국을 대표하는 절인 경주의 불국사를 지었다. 김대성의 이야기는 2대에 걸친 효행의 이야기지만 부모에 대한 효가 어찌 2대에 끝날 일이겠는가?

'향득사지가 다릿살을 베어 아버지를 공양하다'는 아들인 향득이 흉년이 들자 자기의 다릿살을 베어 아버지를 봉양한 이야기이고, '손순이 아이를 묻다'는 손순의 아들이 어머니의 먹을 것을 빼앗아 먹자 아이를 버리려고 하다가 복을 받았다는 이야기이다. '가난한 딸이 어머니를 봉양하다'는 어린 처녀가 눈먼 어머니를 어렵게 봉양하는 이야기로, 심청전이 연상된다.

속세와 인연을 끊고 승려가 된 일연이 『삼국유사』를 집필하면서 노모에 대한 애틋한 정을 속으로만 삭였을 편목이 「효선」이라고 생각하면 지나칠까?

3

삼국유사를
발견하다

삼국유사에 대한
비판적인 눈길

　　『삼국유사』는 오랫동안 잠자고 있었다. 1230
년대 이후 몽골이 고려를 7차례 침범한 이후 우리나라는 짓밟히지 않
은 곳이 없을 정도가 되었다. 왕의 어린 태자는 원에 끌려가 몽골식
교육과 문화를 익혀야 했고 장성하여서는 몽골의 공주와 혼인해야
했다. 노골적인 내정 간섭이 있었고 조정에는 원에 아부하는 관리들
로 득실댔다. 나라꼴이 이렇다 보니 지식인들 사이에서는 민족의 자
주성을 되살리려는 분위기가 싹텄다. 『삼국유사』를 비롯해 『제왕운
기』 같은 책들은 이런 분위기에서 태어났다.

　　『삼국유사』는 일연 생전에 출간되지 못하고, 입적 후 제자들에 의
해 간행된 것으로 보인다. 그러나 『삼국유사』의 고려 시대 판각본은
아직 발견되지 않았고, 조선 중중 7년(1512)에 경주부사 이계복이 중
간한 판본이 최고본으로 전해진다.

조선 시대로 넘어오면서『삼국유사』는 유학자들의 비판을 받아 제대로 된 평가를 받지 못하고 묻혔다. 조선 시대는 유학을 근간으로 하는 사회였다. 불교는 천시되었고 승려는 천민으로 전락했다. 이런 상황에서 승려가 쓴 괴력난신을 다룬 책이 제대로 대접을 받을 수 없었다. 심지어 인각사에 있는 일연의 비문을 갈아 마시면 과거에 합격한다는 소문까지 있었다. 그것은 일연의 업적을 폄하하는 상징적인 사건이었다.

『삼국유사』는 임진왜란 이후 일본인 학자들에 의해 연구되기 시작했다. 「기이」제2와「탑상」제4라는 편목을 붙인 것도 일본인 학자라는 것을 앞서 보았다. 일제 시대에 들어서는 고려 말기처럼 민족에 대한 관심이 커지면서 잠자던『삼국유사』가 깨어나게 된다. 육당 최남선을 필두로『삼국유사』를 바로 보고 평가하려는 기운이 일어났다. 그 이후 해방을 거치면서 지금에 이르기까지『삼국유사』의 가치는 점점 그 무게를 더하고 있다. 그렇다고『삼국유사』에 대한 비판이 없는 것은 아니다. 그 내용은 크게 세 가지로 나누어 볼 수 있다.

첫 번째는 저자인 일연이 역사를 다루는 사관이 아니라 승려였다는 점이다. 요즘 말로 표현하면 전문성이 떨어진다는 비판이다.

두 번째 비판은『삼국유사』가 신라 중심이라는 사실이다. 여기에는 일연이 승려가 되기 전의 성씨가 신라의 3대 성씨 중 하나인 김씨라는 점과 일연의 행동 반경이 주로 과거 신라의 영역이었던 경상도 일대라는 점도 포함되어 있다. 『삼국유사』가 신라를 중심에 놓았기 때문에 고구려를 비롯한 북쪽 지역의 내용이 많이 누락되어 소홀함이 많다는 것이다.

세 번째 비판은 『삼국유사』가 불교 중심이라는 것이다. 일연이 승려였던 까닭에 『삼국유사』에 보이는 세계관이 불교적 색채가 너무 강하다는 것이다.

그럼 이 비판들을 하나씩 검토해 보자.

1. 사관이 아닌 승려가 쓴 역사서

『삼국유사』는 역사서의 범위 내에서만 파악하고 이해할 수 있는 책이 아니기 때문에 이 비판은 수긍하기가 쉽지 않다.

일단 이름부터가 그렇다. 한자로 『삼국사기』는 三國史記라고 쓴다. 중국 한나라의 사마천이 쓴 『사기史記』를 본떠서 지은 이름이다. 그런데 『삼국유사』는 三國遺事라고 쓴다. '유사'의 '사'는 史가 아니라 事이다. 한자의 독음이 같기 때문에 오해하기 쉽다.

육당 최남선은 유사遺事라는 말이 정식 역사서에서 누락되거나 유실된 잡다한 사실을 의미한다고 지적했다. 아울러 육당은 유사가 한 사건의 세세한 유래를 다루는 책이라는 점도 덧붙였다. 여기서 잡다하거나 세세하다는 표현은 그만큼 생활과 밀접하게 연관되어 있어 그 전달이 생생함을 의미한다.

그러니 『삼국유사』는 정사인 『삼국사기』가 정치나 외교에 관한 사건을 중심으로 기술한 것에 비해 사람들이 살아가는 사회를 중심에 놓고 기록한 책에 가깝다. 이런 이유로 가끔 인용한 책과 일치하지 않는 부분도 있고 잘못 전해지는 것을 그대로 모아 수록한 경우도 있지만 그것은 역사서가 아닌 유사가 지닌 불가피한 면이기도 하다.

한편으로『삼국유사』는 삼국 이전의 역사를 비교적 원형에 가깝게 복원한 유일한 역사서라는 무거운 사명감을 오롯이 짊어지고 있다. 삼국 이전의 시대를 보여 주는 다른 책을 꼽는다면 중국에서 전하는『위지』정도밖에 없다.

따라서 삼국 이전 우리 조상들의 생활과 문화를 알기 위해서는『삼국유사』를 펼칠 수밖에 없다.『삼국유사』는 모든 불이 꺼진 칠흑 같은 밤바다에 등대가 되어 홀로 불을 밝히고 있다.

2. 신라 중심

일연의 삶을 보면 경상도 경산에서 태어나 전라도 광주, 강원도 양양, 그리고 다시 경상도 비슬산과 남해 등지에서 대부분의 삶을 보냈다. 특히 일연의 삶이 농축된 것은 비슬산과 그 일대라고 보아야 하기 때문에 당연히 일연의 시각은 경주가 중심이 되고 신라가 중심이 될 수밖에 없었다.

일연은 전문 사관이 아니었고,『삼국유사』를 쓰는 목적이 역사를 집대성하는 일도 아니었다. 따라서 일연이 지닌 흥미의 초점이 편중

될 수밖에 없음도 감안해야 한다. 일연이 북방에 대해 소홀하게 생각하고 일부러 신라 중심으로 기술한 것이 아니라는 말이다.

김부식의 『삼국사기』와 일연의 『삼국유사』 사이에는 150년 가까운 시간의 차이가 나는데 그 사이에 이전까지 전해지던 여러 서책들이 국내외 혼란으로 인해 사라졌다는 점도 고려해야 한다. 그러니까 『삼국유사』를 쓰는 데 도움이 되는 참고 서적들이 『삼국사기』를 쓸 때보다 줄었다는 말이다.

이런 사정을 감안하고도 북방 지역에 대한 많은 고사들이 누락된 것은 참으로 안타까운 일이다. 만약 일연이 살았던 시절이 몽골의 침입과 같은 환란이 없는 평화롭고 좋은 시절이었다면 더 많은 이야기를 통해 풍성한 고대 세계를 만날 수도 있지 않았을까.

3. 불교 중심

일연이 고려 시대를 대표하는 승려였기 때문에 그의 저술인 『삼국유사』는 불교적 색채가 짙을 수밖에 없다. 또한 고려 시대는 겉으로 보기에 불교가 중심인 사회였다. 그러나 고려는 불교로만 이해할 수 있는 시대가 아니다. 고려의 종교를 한 마디로 정리하면 여러 종교가 잘 화합하며 공존했다고 할 수 있다. 고대로부터 이 땅에 있었던 전통 종교와 불교, 유교가 잘 어울렸다. 『삼국유사』는 시대의 이런 흐름을 그대로 반영하고 있다.

따라서 『삼국유사』를 불교 중심이라고 비판하는 것은 『삼국유사』

라는 텍스트가 내포하고 있는 다면적 특성을 읽어 내지 못했거나 고려 시대를 일면적으로만 이해하고 있기 때문일 것이다.

『삼국유사』에서는 고대 사회의 민속과 생활, 종교, 신화, 전설 등을 많은 옛 문헌과 금석문金石文 등을 인용해 보여 준다. 물론 불교 사적이 많고 겉보기에 불교와 연관된 항목이 많은 것은 사실이지만 그 행간 곳곳에는 고대 세계의 흔적이 숨어 있다.

학자에 따라서는 『삼국유사』를 내용상 크게 둘로 나누기도 한다. 즉 1권과 2권을 하나로 묶고 3~5권을 하나로 묶는다. 그 기준이 되는 것은 다름 아닌 불교이다. 물론 이런 방식은 『삼국유사』를 지극히 표면적으로 구분하는 것이며 편의적인 구분이다. 불교적 색채가 강한 3~5권은 불교에 대한 이야기가 많이 나오지만 많은 사람들의 생생한 생활이 담겨 있고 그 속에서 당시의 사회 모습이나 생활양식을 읽어 낼 수 있기 때문이다.

예를 들어 영어로 쓴 훌륭한 소설책이 있다고 하자. 그 작가가 우리를 위해 한국어로 글을 쓰지 않은 것은 그가 구사하는 말이 영어이기 때문이다. 따라서 표현하는 방법은 영어식이겠지만 그 소설을 읽으면서 우리가 감동을 받거나 재미를 느끼는 것은 영어로 썼기 때문도 아니고 영어의 표현 방법 때문이 아닌 바로 내용 때문이다. 일연의 경우도 이와 크게 다르지 않다.

세상에 완벽한 것은 없다. 『삼국유사』 역시 군데군데 아쉬움이 드는 대목도 있고 고개를 젓게 만드는 부분도 있지만 그것은 아주 부분적인 문제이다.『삼국유사』가 지닌 가치와 힘은 만만하지 않다. 우리에게『삼국유사』가 있음을 감사하고 또 감사해야 할 일이다.

삼국유사의
가치

　『삼국유사』의 장점은 유학자가 지은 대표적인 역사서인『삼
국사기』와 비교해 보면 선명하게 드러난다. 이 비교는『삼국사기』를
폄하하려는 비교가 아님을 먼저 밝혀 두어야 한다.『삼국사기』는 우
리나라의 고대사를 정리한 정사로서는 유일하고, 편찬 시기도『삼국
유사』보다 150년이 앞서 있어 13세기의 혼란한 상황과는 판이한 배
경을 지닌다. 또한『삼국사기』와『삼국유사』는 나란히 놓고 함께 읽
으면 상호 보충되는 측면이 있어 둘 사이의 우위를 가를 일이 아니라
는 것을 알게 된다.

　『삼국사기』는 옛 고사 가운데 신비스럽거나 과학적이지 않은 부분
들은 삭제하거나 손질해서 실은 것이 많다. 사정이 이와 같다 보니
나라를 세울 때 보이는 여러 신화들은 원형이 훼손되거나 다른 것으
로 대치되고 말았다. 또한 학문적으로 볼 때 하찮게 생각되는 것들을

빼기도 했고 문장 서술의 편의를 위해 첨삭하는 경우가 많았다. 이는 사실에 충실하기보다는 역사서의 기본 문법과 문장미에 더 충실했다는 말이기도 하다. 또한 인용된 참고문헌들의 경우 중국의 책들을 기준으로 삼았다는 점도 지적할 수 있다.

이에 반해 『삼국유사』에는 『삼국사기』에 인용되지 않은 고전들이 많이 거명되고 있고 대부분 원형대로 수록되어 있다. 그것은 '술이부작述而不作', 곧 글을 쓰되 꾸미지 않는다는 『삼국유사』의 집필 정신과 맞닿아 있다. 『삼국유사』는 대부분 옛 기록들을 인용해 구성하고 일연의 생각을 조금 덧붙여 놓았을 뿐이다. 따라서 『삼국사기』에서처럼 대표적인 사례를 하나만 적거나 첨삭하는 일 없이 있는 그대로 기록했고 다른 주장이 있으면 그 또한 서슴지 않고 실었다.

『삼국유사』는 옷도 잘 입고 매끄러운 매너를 갖춘 신사나 숙녀라기보다는 수수하고 거칠게 보일지는 모르지만 속이 깊고 정이 많은 순박한 사람에 비유할 수 있다. 만나면 만날수록 좋아지는 그런 사람 말이다.

『삼국유사』의 또 다른 가치를 하나 더 찾는다면 『삼국유사』에 우리의 옛 기록을 담은 수많은 책들이 소개되어 있다는 것이다. 그래서 거꾸로 『삼국유사』를 꼼꼼히 살펴보면 이름이 남아 있는 책들의 윤곽을 알아낼 수 있다. 예를 들면 1980년대 후반에 발견되어 진짜 가짜 시비가 일었던 김대문의 『화랑세기』라는 책은 『삼국유사』에 나오는 많은 화랑들의 이야기를 제공한 책이었을 것이다. 또한 「왕력」은 최치원의

『제왕연대력』을 참고했을 것이다. 이외에도 보기만 해도 궁금증을 자아내는 수많은 책의 이름이 등장한다. 비록 전하지 않는다고 하지만 그 이름을 아는 것과 모르는 것은 하늘과 땅의 차이라고 할 수 있다. 그 이름들은 상상의 근거가 된다. 만약 이름조차 없었다면 고대 세계를 그리는 우리의 생각은 공상에 불과했을 테니까.

그런데 정작 현재 남아 있는『삼국유사』판본 가운데 고려 시대에 나온 것은 전하지 않는다. 일연의 삶을 다루면서 잠깐 언급한 것처럼 일연이『삼국유사』를 쓴 정확한 시기와 책으로 엮여서 나온 때는 알려져 있지 않고 다만 1281년에서 1283년 사이에 썼을 것으로 추측할 뿐이다.

지금 남아 있는『삼국유사』판본 가운데 가장 오래된 것은 조선 중종 대의 임신본壬申本이다. 그 이후의 것으로는 1908년에 간행된 일본 도쿄대학 문학부의 사지총서본『삼국유사』가 있다. 그 뒤를 이어 조선사학회본과 계명구락부의 최남선 교감본 및 그의 증보본이 있다.

『삼국유사』의 가치는 이것으로도 충분하지만 몇 가지 더 짚어 보고 싶은 것이 있다. 상상력의 원천인 신화, 우리 문화의 원형, 고대의 아름다운 노래 향가, 이 세 가지 보물을 한꺼번에 캐 낼 수 있는 보고가 『삼국유사』이다.

신화,
우리의 상상 세계

우리나라는 신화가 많은 나라이다. 크게 책에 기록된 신화와 예부터 무당의 입을 통해 전해져 온 신화로 나눌 수 있는데, 『삼국유사』는 책에 기록된 대부분의 신화를 담고 있다. 육당 최남선은 이 점이 『삼국유사』의 최고 가치라고 지적했다. 우리 신화를 소개한 책이 비단 『삼국유사』만이 아니지만 원형에 가깝게, 그리고 다양하게 소개하고 있는 것은 『삼국유사』가 유일하다.

주몽과 박혁거세, 김수로, 견훤처럼 나라를 세운 사람들의 신화도 있고 하늘에서 내려온 하늘 신의 아들 환웅과 해모수의 이야기, 연오랑 세오녀라는 천체와 연관된 신화도 있다. 이처럼 『삼국유사』가 많은 신화를 담고 있기 때문에 우리는 한국 신화를 여러 각도에서 조명해 볼 수 있다. 예를 들어, 건국 신화에 등장하는 창건 영웅들에게서 '난생卵生'이라는 공통점을 추출할 수 있다. 고구려를 세운 주몽, 신

라를 세운 박혁거세, 신라의 제4대 왕인 석탈해, 가야를 세운 김수로
는 모두 알에서 태어났다.

유화가 몸을 피하자 햇빛이 따라와 비추었다. 이로 인해 임신하여 알을 하
나 낳았는데 크기가 다섯 되쯤 되었다. (고주몽)

흰 말 한 마리가 무릎을 꿇고 절하는 시늉을 하고 있었다. 그래서 그곳을
찾아가 보니 자주색 알이 하나 있었다. 말은 사람들을 보더니 길게 울고는
하늘로 올라가 버렸다. (박혁거세)

오랫동안 아들이 없어서 자식 낳기를 기도하였더니 7년 후에 한 개의 커
다란 알을 낳았다. (석탈해)

보랏빛 노끈이 하늘로부터 드리워 땅에 닿아 있었고 노끈 끝을 찾아보니
붉은 보자기로 싼 금합이 있었다. 그것을 열어 보니 둥글기가 해 같은 황
금알 여섯 개가 있었다. (김수로)

고대 국가의 네 왕이 알에서 태어난 것은 우연이 아니다. 먼저 알
은 보통 사람과 다르게, 신성하게 태어났음을 상징한다. 그러나 알에
대한 해석은 거기서 끝나지 않는다.
원래 알이라고 하는 것은 어미의 품 속에 있어야 정상이다. 그런데

우리 신화에 보이는 알들은 그렇지 못하다. 유화가 낳은 알은 어미의 품이 아니라 바로 마구간으로 산 속으로 버려지고, 박혁거세가 들어 있던 알도 천마가 두고 떠나고, 석탈해는 알에서 태어났다는 이유로 궤짝에 담겨 버림을 받고, 김수로 또한 하늘에서 내려왔지만 그 알을 품어 줄 어미는 어디에도 없다. 이렇게 보면 알은 고난을 상징한다. 많은 사람을 다스려야 하는 사람은 보통 사람보다 더한 고난을 이겨 낸 사람이니까.

알을 낳든 아이를 낳든 부모가 있어 결혼을 해야 한다. 『삼국유사』 에는 다양한 혼인 신화의 모습도 보여 준다. 단군 신화에서 환웅과 웅녀가 결혼하고, 신라에서는 알에서 태어난 박혁거세와 역시 알에 서 태어난 알영이 결혼을 하며, 김수로는 먼 외국에서 온 왕비를 맞 이해 결혼을 한다. 신화에서 신성한 혼인은 중요한 의미를 지닌다. 한 사회의 기초를 형성하는 결합 행위가 바로 혼인이기 때문이다. 오 늘날 결혼을 인륜지대사로 중요시하는 것은 신성한 혼인 신화에서 비롯된 것으로 보아도 좋다.

이외에도 도화녀는 이미 죽은 왕과 결혼해 비형랑이라는 귀신을 잘 부리는 아이를 낳는다. 후백제를 세운 견훤의 아버지는 큰 지렁이 였으며, 백제의 무왕은 노래를 퍼뜨려 신라의 선화공주와 결혼한다. 이처럼 『삼국유사』에는 매우 다양한 결혼의 형태가 보인다. 견훤의 이야기는 일본에도 유사한 것이 전해진다.

옛날 한 부자가 광주 북쪽 마을에 살고 있었다. 그에게는 딸이 하나 있었는데, 용모가 매우 단아하였다. 어느 날 어버지에게 말하였다.

"자줏빛 옷을 입은 남자가 침실로 와서 관계를 맺곤 합니다."

그러자 아버지가 말하였다.

"네가 바늘에 실을 꿰어 그 사람의 옷에다 꽂아 놓아라."

딸은 아버지가 시키는 대로 했다. 날이 밝자 북쪽 담장 아래에서 풀려나간 실을 찾았는데, 실이 큰 지렁이의 허리에 꿰여 있었다. 그후 임신하여 사내아이 한 명을 낳았다. 15세가 되자 스스로 견훤이라 일컬었다.

건국 신화와 혼인 신화의 주인공은 영웅 탄생을 예고한다. 물의 신 하백의 딸 유화가 햇빛을 받아 알을 낳았고 거기에서 주몽이 태어났다. 주몽은 형들의 시기를 피해 부여를 떠나 고구려를 세우는 건국 영웅이 되었다.

나라를 세우는 일과 같은 대업을 이루는 영웅이 아니더라도 『삼국유사』에는 그에 못지않은 중대사를 해결하여 국가적 위기를 극복하는 영웅적 인물들이 등장한다. 「감통」 편의 '융천사의 혜성가' 조에 나오는 융천사 같은 인물이 그 예이다.

제5 거열랑居烈朗, 제6 실처랑實處朗, 제7 보동랑寶同朗 등 세 화랑의 무리가 금강산에 놀이를 가려는데 혜성이 심대성心大星을 침범하였다. 화랑의 무리들은 꺼림칙하게 여겨 가는 것을 그만두려고 하였다. 그때 융천사가 노래를 지어 부르니 혜성의 변괴가 즉시 사라지고 일본의 군사가 저희 나라로 물러가 도리어 복이 되었다. 대왕이 듣고는 기뻐하여 화랑의 무리들을 금강산에 놀러 보냈다.

융천사는 승려이다. 노래 하나로 하늘에 일어난 괴변을 가라앉히고 신라를 침공한 일본 군대를 쫓아냈다. 사람들의 불안한 마음을 가라앉혀 주고 나라에 침입한 왜병을 몰아냈으니 상상의 괴물과 맞서 승리한 것 못지않게 큰 일을 한 것이다.

그리스 신화에서 스핑크스라는 괴물은 지나가는 사람에게 수수께끼를 내서 답을 맞히지 못하면 그 사람을 잡아먹었다. 그 스핑크스를 물리친 것은 오이디푸스였다. 오이디푸스는 스핑크스와 맞붙어 싸워 이긴 것이 아니라, 수수께끼의 답인 '인간'을 알아맞혔을 뿐이었다. 지략으로 괴물을 이긴 영웅이다.

세계 여러 나라의 신화에는 천체의 변화와 관련된 신화가 많이 있다. 앞서 융천사 이야기에서도 보았고, 「기이」 편의 '연오랑 세오녀'에서도 하늘에 기이한 현상이 나타난다.

제8대 아달라阿達羅왕이 즉위한 지 4년 정유년(157)에 동해가에 연오랑과 세오녀 부부가 살고 있었다. 하루는 연오랑이 바다에 가서 해조를 따고 있는데, 갑자기 바위가 하나 나타나더니 그를 태우고는 일본으로 갔다. 일본 사람들이 그를 보고 말하였다.

"이 사람은 예사로운 인물이 아니다."

그래서 왕으로 삼았다.

세오녀는 남편이 돌아오지 않자 이상하게 여겨 바닷가에 가서 찾다가 남편이 벗어 놓은 신발을 발견하였다. 그녀 역시 바위 위로 올라갔더니 바위는 또 이전처럼 그녀를 싣고 일본으로 갔다. 그 나라 사람들은 놀라고 의아하게 여겨 왕에게 이 사실을 알리고 세오녀를 왕께 바쳤다. 부부는 서로 만나게 되었고 세오녀는 귀비가 되었다.

이때 신라에서는 해와 달이 빛을 잃었는데, 일관日冠이 왕께 아뢰었다.

"해와 달의 정기가 우리나라에 내렸는데, 이제 일본으로 가 버렸기 때문에 이런 변괴가 생긴 것입니다."

왕은 사신을 보내 두 사람에게 돌아오기를 청하였다.

연오랑이 말하였다.

"내가 이 나라에 오게 된 것은 하늘의 뜻인데 지금 어떻게 돌아가겠습니까? 그러나 짐의 비가 짜 놓은 비단이 있으니, 이것을 가지고 하늘에 제사를 지내면 될 것입니다."

그러고는 비단을 주었다. 사신이 돌아와서 아뢰었다. 그 말대로 제사를 지냈더니 해와 달이 예전처럼 빛을 되찾았으므로 그 비단을 임금의 곳간에 간직하여 국보로 삼았다. 그 창고의 이름을 귀비고貴妃庫라 하고, 하늘에 제사 지낸 곳을 영일현迎日縣 또는 도기야都祈野라 하였다.

해와 달의 정기를 가진 연오랑과 세오녀가 일본으로 건너갔다. 일본 신화에도 신라의 왕자가 일본으로 건너와 왕이 되는 이야기가 있다. 이 신화들은 고대에 오고 간 신라와 일본의 교류를 반영하는 것이다.

뿐만 아니라 연오랑과 세오녀의 이름에 함께 들어 있는 '까마귀 오烏' 자는 신화의 세계를 중국까지 넓혀 준다. 까마귀와 관련된 중국 신화가 있다.

하늘에 열 개의 태양이 떠서, 땅이 메마르고 산천초목이 타 들어가 살 수 없게 되었다. 하늘에서 내려온 신인 '예'가 활을 쏘아 아홉 개의 태양을 떨어뜨렸다. 그런데 태양이 떨어진 곳에 가 보니 태양의 정체는 세발까마귀였다. 세발까마귀는 동북아시아의 상징적인 동물이고 특히 고구려를 상징하는 동물이다. 예를 파견한 하늘신은 동쪽, 즉 방위를 따지면 우리가 속해 있는 동쪽을 지배하는 신이다.

세발까마귀는 고구려의 고분 벽화에 빈번하게 등장한다. 대개 둥근 원 안에 세발까마귀가 그려져 있는데, 원은 태양을, 까마귀는 태양의 정령을 상징한다.

우리의 생활과
생각의 기원

　　고대 세계의 생활을 알려 준다는 측면에서도 『삼국유사』는 남아 있는 최고의 책이다. 이런 분야를 다루는 민속학이나 인류학, 고고학 등의 학자들은 옛 사람들이 무엇을 생각하고 무엇을 믿었으며 어떻게 살았는지를 자료나 발굴된 유물을 통해 재구성해 본다.

　단군 신화에서 곰과 호랑이가 사람이 되겠다고 찾아오자 환웅은 쑥과 마늘을 주면서 동굴에 들어가 백일 동안 햇빛을 보지 않으면 사람이 될 수 있다고 한다. 이때 쑥과 마늘은 이른바 터부 또는 금기라고 부르는 것이다. 금기는 꺼리고 피한다는 뜻으로 혹시 있을지 모르는 위험이나 부정을 미리 피하려고 하는 의도를 담고 있다. 지금이야 쑥과 마늘을 마음대로 먹고 쓸 수 있지만 당시 사람들은 함부로 다룰 수 없는 것이었다.

「기이」편 '거문고 갑을 쏘다' 조는 신라 사람들이 지켰던 금기와 관련된 풍속의 기원을 알려 준다.

제21대 비처왕이 즉위한 지 10년 무진년(488)에 천천정에 행차하였다. 그 때 까마귀와 쥐가 와서 울었는데, 쥐가 사람의 말로 말하였다.

"이 까마귀가 가는 곳을 살피시오."

왕은 기병에게 명하여 뒤쫓게 했다. 남쪽의 피촌에 이르렀을 때, 돼지 두 마리가 서로 싸우고 있었다. 멈춰 서서 이 모습을 구경하는 바람에 까 마귀가 간 곳을 잃어버리고 길에서 헤매고 있었다. 그때 한 노인이 연못 속에서 나와 글을 바쳤다. 겉봉에 이렇게 씌어 있었다.

'뜯어 보면 두 사람이 죽고 뜯어 보지 않으면 한 사람이 죽을 것이다.'

기병이 돌아와서 글을 바치니, 왕이 말하였다.

"두 사람이 죽는 것보다는 뜯어 보지 않고 한 사람이 죽는 것이 낫다."

일관이 아뢰었다.

"두 사람이란 일반 백성이요, 한 사람이란 왕을 말하는 것입니다."

왕이 그 말을 옳게 여겨 뜯어 보니 이렇게 씌어 있었다.

"거문고 갑을 쏴라."

왕은 곧 궁으로 돌아와 거문고 갑을 쏘았다. 그 속에는 내전에서 분향 수도하는 중과 비빈이 간통을 저지르고 있었다. 두 사람은 주살되었다.

이때부터 나라 풍속에 해마다 정월 첫 돼지날과 첫 쥐의 날, 첫 말의 날 에는 모든 일에 조심하고 함부로 행동하지 않게 되었다. 그리고 16일을 오기일烏忌日이라 하여 찰밥으로 제사 지냈는데, 이것은 지금까지도 민간에서 행해지고 있다. 이것을 속어로는 달도怛忉라고 하는데, 슬퍼하고 근심하면서 모든 일을 금한다는 말이다. 노인이 나와 글을 바친 연못의 이름을 서출지書出池라고 하였다.

이 이야기는 첫 돼지날과 쥐의 날에 몸을 삼가야 한다는 금기를 전한다. 지금도 대보름날이면 오곡밥을 해서 먹는데 그 유래를 이 이야기에서 찾아볼 수 있다.

가야의 풍속에 관한 이야기도 있다. 「기이」편 '가락국기' 조를 보면 '계욕禊浴'이라는 말이 나온다.

천지가 개벽한 이후로 (중략) 9간九干이 있었다. 이 추장들이 백성을 아울러 다스렸으니, 모두 100호에 7만 5천 명이었다. 대부분 산과 들에 모여 살았고 우물을 파서 마시고 밭을 갈아 먹었다. (중략) 임인년(42) 3월 계욕일에 그들이 살고 있는 북쪽 구지봉龜旨峯에서 사람들을 부르는 것 같은 이상한 소리가 났다. 그래서 무리 이삼백 명이 이곳으로 모여들었다.

계욕은 액을 막기 위해 목욕하고 물가에서 술을 마시던 액막이 행사였다. 요즘 사람들이 중요한 일을 치르기 전에 목욕재계를 한다고 하는데 계욕과 연관이 있다.

또한 이 글에서 우리는 당시 사회의 규모를 짐작할 수 있고, 우물

• • •
혁거세는 하늘을 나는 말(위, 천마도)이 전해 준 자주색 알에서 태어났다. 알지가 들어 있던 황금 상자 아래에서는 흰 닭이 울고 있었다(아래 왼쪽). 천마와 흰 닭은 태양과 관련된 신성한 동물로 제왕의 출현을 예고한다. 까치는 상서로운 일을 알리는 전령사다(아래 오른쪽). 탈해는 자신을 보호해 준 까치를 기려 '까치작鵲'에서 조鳥 자를 떼어 내고 '석昔'을 성씨로 삼았다.

을 파고 밭을 갈았다는 사실로 미루어 이미 농경 사회로 진입해 있음을 알 수 있다.

토템에 대해서도 생각해 볼 수 있다. 토템(totem)이란 고대 사회에서 부족이나 씨족과 특별한 혈연 관계가 있다고 믿어 신성시하는 자연물을 가리킨다. 단군 신화의 곰이나 혁거세 신화의 천마, 석탈해가 발견될 때 뒤덮었던 까치, 알지의 탄생 신화에 등장하는 흰 닭 등이 그것이다.

영평 3년 경신년(60) 8월 4일에 호공이 밤에 월성 서리西里를 지나다 시림始林 속에 커다란 빛이 밝게 빛나는 것을 보았다. 자줏빛 구름이 하늘에서 땅까지 드리워지고 구름 속으로 보이는 나뭇가지에 황금 상자가 걸려 있었다. 그 상자에서 나오는 빛이었고 나무 밑에서는 흰 닭이 울고 있었다. 호공은 이것을 왕에게 보고하였다. 왕이 숲으로 가 상자를 열어 보니 사내아이가 누워 있다가 곧장 일어났는데, 마치 혁거세의 고사와 같으므로 혁거세가 자신을 알지라고 한 말에 따라 알지라는 이름을 붙였다. 알지는 우리말로 어린아이를 이른다.

신라는 박씨와 석씨, 김씨가 돌아가며 왕이 되었는데 바로 김씨의 시조가 김알지이다. 닭은 농경 사회를 대표하는 동물이다. 박혁거세를 상징하는 동물이 하늘을 나는 천마였고 이 상징이 하늘과의 직접적인 관계를 보여 준다면, 닭은 삶과 죽음을 상징하는 동물로 땅을 대표하는 동물로 볼 수 있다. 이런 상징의 변화는 농경 사회의 확립과 이에 기반하여 왕권이 강화되어 가는 과정으로 해석할 수 있다.

이 밖에도 신라가 세워지기 전에 여섯 마을을 다스리는 촌장들이 알천에 모여 회의를 하는 모습이나 단군 신화에서 신시에서 제사를 지내는 것 등은 당시 사회가 제정일치 사회임을 보여 주는 단서들이다. 제際와 정政이 일치되어 있다는 말은 나라를 다스리는 왕이 종교의 최고 우두머리이기도 했다는 말이다.

그뿐만 아니라 『삼국유사』에는 지금까지 전해지는 처용무가 어떤 기원을 가지고 있는지, 우리가 쓰고 있는 지명이나 절의 이름이 어떤 이유에서 생긴 것인지 등을 설명해 주는 연기 설화들이 풍부하다. 우리의 사고를 조직하고 생활을 구성하는 모든 요소는 이렇게 오랜 세월에 걸쳐서 형성된 것이다.

• • •
계림은 원래 시림이었으나, 알지가 태어날 때 흰 닭이 운 뒤로 계림이라 했다. 알지는 경주 김씨의 시조이며, 흰 닭은 김씨 집단의 토템으로 여겨진다.

향가,
그 아름다운 노래들

향가鄕歌는 우리의 노래라는 뜻으로, 현재 전해지는 유일한 고대 가요요, 문학사에서는 훈민정음 창제 이전 고어 연구에 없어서는 안 될 귀중한 자료이다. 우리나라는 오래도록 우리말은 있었으나 글은 갖지 못한 채, 중국의 문자인 한자를 써서 문학과 사상을 논해야 했다. 고려 시대에 송의 과거제도를 모방해 한자로 치르는 관리 등용 시험을 만듦으로써 우리 사회에 한자 문화가 공식적으로 제도화되었다고 할 수 있다.

그런데 기록에 남아 전하는 신라와 고려 초의 향가들은 독특한 표기 수단으로 쓰여졌다. 바로 '향찰'이다. 향찰은 한자의 음과 뜻을 빌려 우리말을 적는 표기법이다. 겉으로 보기에는 한자로 나열된 문장을, 신라 사람들은 한자로 읽은 것이 아니라 우리말로 읽었다. 한자를 빌려 독창적인 표기법을 고안한 것이다.

향찰로 지은 향가는 삼국 시대 말엽에 발생하여 통일신라 시대에 성행하다가 고려 초까지 명맥을 유지한 것으로 보인다. 대체로 귀족 계층과 서민 계층의 문화가 갈리기 마련인데, 향가만큼은 신분층의 고하를 가리지 않고 널리 창작되었다.

하지만 유감스럽게도 지금 우리에게 남아 있는 향가는 25수뿐이다. 그 25수 가운데 14수가 일연에 의해 『삼국유사』에 실렸고, 나머지 11수는 고려 때 혁련정이 쓴 균여대사의 전기집인 『균여전』에 전한다. 『삼국사기』를 보면 신라 51대 진성여왕 때에 각간(신라의 관직) 위홍과 대구화상이 엮은 향가집 『삼대목』이 있다고 하나 전하지는 않는다.

『삼국유사』에 실린 향가 14수의 제목은 다음과 같다. '모죽지랑가', '헌화가', '안민가', '찬기파랑가', '처용가', '서동요'(이상은 「기이」 제2에 수록), '도천수대비가'(「탑상」 편에 수록), '풍요'(「의해」 편에 수록), '원왕생가', '도솔가', '제망매가', '혜성가'(이상은 「감통」 편에 수록), '원가', '우적가'(이상은 「피은」 편에 수록).

먼저 향찰 표기법을 비교적 쉽게 맛볼 수 있는 '서동요'를 옮겨 본다.

善化公主主隱　　　선화공주님은
선화 공주주 은

他密只嫁良置古　　　남 몰래 시집을 가서
타 밀지가양 치고

薯童房乙　　　　　　　서동이를
서동방을

夜矣卯乙抱遣去如　　　밤이면 안고 가다
야의묘을포견거여

어떻게 이런 풀이가 나올까? 첫 문장 '善化公主主隱'을 한자로 읽으면 '선화공주주은'이다. 그런데 이 문장은 '선화공주님은'으로 해석한다. 선화공주는 이름이고 주主의 뜻은 임이며 은隱은 숨는다는 뜻이 아니라 발음대로 읽어야 한다.

'서동요'는「기이」제2, '무왕' 조에 나온다. 백제의 서동이 신라 선화공주의 미모가 뛰어나다는 말을 듣고 해괴망측한 노래를 불러 선화공주와 결혼한다는 줄거리다. 서동은 나중에 백제의 무왕이 된다. 서동을 무왕으로 보는 견해에는 학자들 간에 의견이 팽팽하다. 하지만 그렇다고 해서 우리가 서동과 선화공주의 로맨스를 즐기지 못할 이유는 없다.

일연의 기록에 따르면, 백제 30대 무왕의 아명이 '서동'이다. 여기서 '서薯'는 '마'라는 식물이다. 마를 캐다 파는 것이 생업이었으므로 사람들이 서동이라 이름했다. 서동이 신라 진평왕의 셋째딸 선화공주가 매우 아름답다는 소문을 듣고 머리를 깎고 신라의 서울로 갔다. 거기서 동네 아이들에게 마를 나누어 주면서 노래를 가르쳐 부르게 했다. 그 노래가 '서동요'인 것이다. 구중궁궐에서 바깥 세상도 모른 채 살아가는 지순한 공주가 저잣거리의 마장수와 염문을 뿌린다는 스캔들이 번진 것이다. 조정의 백관들이 왕에게 간하여 공주는 유배를 가게 되었다. 유배 길에 서동이 나타나 절을 하고는 선화공주를 모시고 백제로 갔다.

서동의 설화만큼 유명하고 재미있는 것이 '처용랑과 망해사' 조의 이야기인데, 바로 '처용가'의 출처이다. 신라 헌강왕이 지금의 울산까지 행차를 갔다 돌아오는 길에 물가에서 쉬고 있었다. 갑자기 구름과 안개가 뒤덮여 사위를 분간할 수 없게 되었다. 왕이 일관에게 변괴의 까닭을 물으니 일관이 아뢰기를 동해 용이 일으킨 변괴이니 마땅히 좋은 일을 하여 풀어야 한다는 것이었다. 왕은 그 자리에 절을 짓도록 명했다. 그러자 곧 구름과 안개가 걷혔으니, 그곳을 개운포開雲浦라고 했다. 동해 용이 이 일을 기뻐해 일곱 아들을 거느리고 왕의 수레 앞에 나타나 춤을 추고 악을 연주하며 덕을 칭송했다. 용의 일곱 아들 중 한 아들이 왕을 따라 서울로 돌아와 정사를 보필하였는데, 그의 이름을 처용이라 했다. 왕은 미녀를 아내로 삼게 하는 등 처용의 마음을 잡아 머물게 했다. 그런데 처용 아내의 미모에 반한 역신疫神이 밤마다 몰래 찾아와 자고 가곤 했다. 역신이 아내와 함께 잠든 방 밖에서 처용은 그저 노래를 지어 부르고 춤을 추었다. 처용의 이런 태도에 감탄한 역신은 처용 앞에 무릎을 꿇고는 앞으로는 처용의 형상을 그린 그림만 보아도 얼씬하지 않겠다고 맹세하고 떠난다. 처용이 부른 노래 '처용가'는 다음과 같다.

신라 원성왕의 능으로 추정되는 패릉(아래) 옆에는 문인상과 무인상(위)이 서 있다. 무인상은 눈썹이 짙고 쑥 들어간 부리부리한 눈에 굵은 쌍거풀이 지고, 코는 크고 수염 숱이 많다. 신라인의 얼굴과 복식이 아닌데, 처용의 얼굴도 이 무인상과 비슷하게 묘사되고 있다. 옛 아라비아의 문헌에 신라와 아라비아가 무역을 했다는 기록이 남아 있어, 처용을 서역인으로 보기도 한다.

동경 밝은 달에 밤새도록 노닐다가

들어와 자리를 보니 다리가 넷이구나.

둘은 내 것이지만 둘은 누구의 것인가.

본래 내 것이지만 빼앗긴 것을 어찌 하리.

신라 사람들은 향가에 주술적인 힘이 있다고 믿었다. 앞서 본 '서
동요'는 서동의 소원을 이루게 하고, '처용가'는 무당의 노래로 규정
지어질 만큼 주술적 경향이 강한 노래이다. 보다 앞서 2장에서 살펴
본 '도솔가'뿐만 아니라, 하늘에 나타난 혜성을 쫓기 위해 융천사가
부른 '혜성가', 신충이 자신과의 약속을 어긴 왕을 원망하며 노래를
지어 나무에 붙였더니 나무가 고사했다는 '원가' 들도 주술성을 지
닌 노래들이다.

살펴보지 못한 나머지 향가들 중 빠뜨릴 수 없는 노래가 향가의 백
미로 일컬어지는 '찬기파랑가讚耆婆郞歌'이다.

열어젖히자

벗어나는 달이

흰구름을 좇아 떠간 자리

백사장 펼친 물가에

기파랑의 모습이 잠겼어라

일오천逸烏川 자갈벌에서

낭이 지니신
마음을 좇으려 하네
아아! 잣나무 가지 높아
서리 모를 화랑이시여

　'찬기파랑가'는 충담사가 기파랑이라는 화랑의 지조와 고매한 인격을 기린 노래이다. 향가의 지은이로 승려와 화랑이 많아 불교에 대한 신앙심을 읊은 노래들이 다수라는 사실을 감안해 보면, '찬기파랑가'는 시인의 서정을 은유적 시어에 담아 낸 고대 서정시의 모범으로 볼 만하다.

　마지막으로 불교와의 연관성을 가진, 기록으로 전하는 최초의 노동요라 할 수 있는 '풍요諷謠'를 살펴보려고 한다. '풍'은 '풍자'의 '풍'과 같은 뜻이다. 그러니 '풍요'는 넌지시 던지는 암시를 내포하는 노래이다.

오다 오다 오다
오다, 서럽구나
서럽다, 우리네여
공덕 닦으러 오다

　'풍요'는 「의해」편, '양지가 지팡이를 부리다' 조의 설화에 삽입되어 있는 향가이다. 이야기는 이렇다. 양지 스님은 신묘한 능력을 지니고 있어, 지팡이 끝에 포대를 걸어 날려 보내 시주를 받아 오게 하였다. 잡기에 두루 통달하였고 글과 그림에도 능했을 뿐 아니라, 여러 불상과 전각의 기와를 빚어 내는 예술적 재능도 겸비했다. 양지 스님이 영묘사라는 절의 장륙존상을 진흙으로 빚어 만들 때 성 안의 온 남녀가 앞을 다투어 진흙을 날라다 쌓았는데, 이때 부른 노래가 '풍요'였다. 성 안의 명승이 불상을 짓는다 하니 가진 것 없는 백성들은 진흙을 져 나르는 노동으로 시주를 대신하면서 극락세계로 갈 수 있는 공덕이 쌓이기를 바랐을 것이다. 고달프고 힘든 세상살이에서 벗어날 수 있는 길은 부처님께 귀의하는 것이니, 이름 높은 스님이 벌이는 불사에 힘을 보태 내세를 기약하는 것이 그들의 한가닥 희망이었을 것이다.

우리의 오래된 미래 『삼국유사』

환한 햇살이 맑은 하늘에 퍼지고 상쾌한 공기가 거리에 가득 차는 10월이 오면 청명한 하늘 너머로 옛 사람들이 생각난다. 풍성한 곡식과 색깔 고운 과일이 한껏 놓여 있고 함께 어울려 노래하며 춤추던 옛 사람들의 모습이 말이다.

옛 기록을 보면 이 땅에 살았던 우리 조상들은 10월이 오면 축제를 열었다. 너르고 푸른 하늘과 하늘을 닮은 세상에 감사하는 축제였다. 그리고 하늘이 열렸던 개천開天 그 날을 기억하기 위해 축제를 열었다. 단군 신화에서 단군이 나라를 세운 날이 이때이고 우리는 이 날을 개천절이라 부른다.

우리는 단군 이래로 오랫동안 이 땅에서 살아왔다. 그렇게 오랜 세월이 지나는 동안 많은 사람들이 태어나고 죽었고, 또 많은 일이 일어났다. 그동안 일어났던 많은 일들에 대한 기억이 어떤 것은 선명하고 또 어떤 것은 흐릿하게 우리 주위에 남아 있다. 우리가 전통 문화라고 부르는 것은 비교적 선명하게 남아 있는 기억들이다. 그런데 생물이 멸종되듯 우리 기억에서 사라진 것도 많다. 그 사라진 기억들은 어떻게 되살릴 수 있을까? 그 기억의 실마리를 좇아, 특히 우리의 역사에서 삼국 이전의 고대 세계로 들어가는 가장 뛰어나고 거의 유일하다고 할 길라잡이는 바로 지금 여러분이 읽은 『삼국유사』이다.

다만 지금 이 시대에 왜 『삼국유사』를 읽어야 하는가에 대해 생각해 보자. 그저 고대 세계를 기억하기 위해 『삼국유사』를 읽어야 하는 것은 아니다.

조선 시대에 『삼국유사』가 천대받은 바, 여기에는 여러 가지 이유가 있었지만 조선 시대의 유학자들은 『삼국유사』에 실린 기이하고 신기한 이야기의 진가를 제대로 알지 못했다. 그들이 유학의 시조로 받드는 공자가 기이하고 신기한 이야기에 관심을 갖지 않았다고 하지만, 가만히 생각해 보자.

공자가 살았던 시대는 지금으로부터 약 2,500년 전이다. 그 시대는 늘 주위에 기이하고 신기한 이야기가 떠돌던 때였다. 공자는 그런 신령에 의지하는 주술적인 생활에서 벗어나 어떻게 하면 사람이 사람답게 살 것인지 고민했다. 유학을 한마디로 정의하기는 어렵지만, 핵심은 사람이 동물과 달리 사람답게 살 수 있는 방법을 제시한 학문이라고 말할 수 있다. 공자는 사람의 도리에 대해 가르쳤다. 따라서 공자는 기이하고 신기한 이야기에 관심을 갖지 않았던 것이다.

2,500년이 지난 21세기는 기이하고 신기한 이야기를 필요로 하는 시대이다. 그것은 이성과 과학의 정점에 이른 이 시대의 사람들이 원

하는 일이기 때문이다. 신화가 널리 읽히고 문학이나 영화에서도 반지의 제왕이나 해리 포터 등이 세계적인 인기를 끄는 것은 이런 이유 때문이다. 환상적 모험이 펼쳐지는 컴퓨터 게임의 세계 또한 다르지 않다.

19세기에서 20세기에 걸쳐 살았던 인류학자이며『황금가지』를 저술한 제임스 프레이저 경은 지금까지의 역사를 주술의 시대, 종교의 시대, 과학의 시대로 나누었다. 그리고 앞으로 다시 주술의 시대가 찾아올 것임을 지적했다. 물론 다시 고대로 돌아가 예전의 주술적인 사회가 된다는 것이 아니라 이미 이룩한 문명과 문화를 바탕으로 한 주술의 시대를 가리킴은 두 말 할 필요가 없다.

흔히 21세기를 문화의 시대, 상상력의 시대로 부르는 것도 위의 사실과 깊은 관계가 있다. 그런데 문화와 상상력이라는 것은 지식을 기반으로 한다. 오랫동안 축적된 지식 없이는 문화를 향유하거나 상상력을 펼칠 수가 없다. 학교에서 공부를 해야 하는 것도, 평생 공부를 해야 하는 것도 이런 이유 때문이다.

『삼국유사』는 우리에게 한국적인 본래의 문화와 상상력으로 인도하는 가장 훌륭한 통로이다. 특히 근원적인 고대 세계로 가야 하는 경우에는 이 길을 거치지 않고는 도달할 수 없다고까지 말할 수 있다. 우리가 우리를 이해하는 데 가장 근본적인 책 가운데 하나라는 말이다.

그러나 무엇보다 우리가『삼국유사』를 가까이에 두고 읽어야 하는 이유는 우리의 참된 모습을 발견할 수 있기 때문이다. 우리가 역사를 배우는 것은 과거의 경험을 익히고 더 나은 미래를 얻기 위해서이다.

이런 의미에서 『삼국유사』는 거울이다. 오랜 세월 동안 우리의 역사는 많은 일을 겪었고 그 과정에서 많은 변화가 있었다. 또한 현대에 들어서 바쁘게 진행되는 산업화 과정에서 우리는 스스로를 돌아볼 수 있는 시간을 별로 갖지 못했다. 과거의 우리를 통해서 현재를 돌이켜보고 미래를 준비해야 하는데 미처 그 거울을 볼 수 있는 시간이 없었다는 말이다. 이제라도 『삼국유사』라는 거울을 펴놓고 가만히 들여다보아야 한다. 그리고 현재 우리의 모습과 앞으로의 우리 모습을 살펴볼 때가 되었다.

우물 속에는 달이 밝고 구름이 흐르고 하늘이 펼치고
파아란 바람이 불고 가을이 있고 추억처럼 사나이가 있습니다.

윤동주 시인의 '자화상'에 나오는 한 구절이다. 이제 『삼국유사』에서 나와 우리를 찾을 일이다.

참고문헌

일연, 최남선 편, 『삼국유사』, 민중서관, 1946.

일연, 리상호 옮김, 『신편 삼국유사』, 신서원, 1994.

일연, 이병도 옮김, 『삼국유사』, 신화사, 1983.

일연, 이창섭 · 최철환 옮김, 『중편조동오위』, 대한불교진흥원, 2002.

김부식, 이병도 역주, 『삼국사기 上, 下』, 을유문화사, 1983.

고운기, 『일연』, 한길사, 1997.

고운기, 『일연과 삼국유사의 시대』, 월인, 2001.

길태숙 외, 『삼국유사와 여성』, 이회, 2003

김대식, 『처용이 있는 풍경』, 대원사, 2002.

김문태, 『삼국유사의 시가와 서사문맥 연구』, 태학사, 1995.

김열규 외, 『신삼국유사』, 사계절, 2000.

김열규, 『한국의 신화』, 일조각, 1976.

민영규, 「일연과 진존숙」, 『사천강단』, 우반, 1994.

———, 「일연중편조동오위」, 『사천강단』, 우반, 1994.

신종원, 『삼국유사 새로 읽기 1』, 일지사, 2004.

윤청광, 『고승열전 9(일연)』, 우리출판사, 2002.

이도흠, 『신라인의 마음으로 삼국유사를 읽는다』, 푸른역사, 2000.

이범교, 『삼국유사의 종합적 해석 上下』, 민족사, 2005.

이하석, 『삼국유사의 현장기행』, 문예산책, 1995.

장주근, 『풀어쓴 한국의 신화』, 집문당, 1998.

정병조 외, 『한국종교사상사 1』, 연세대학교출판부, 1991.

조흥윤, 『한국종교문화론』, 동문선, 2002.

918년   고려가 건국됨.

1145년   김부식이 『삼국사기』 편찬함.

1170년   무신정변으로 무신들이 정권을 장악.

1198년   노비인 만적이 난을 일으킴.

1204년   희종 즉위.

1206년   현재의 경북 경산시에서 일연이 태어남.

1214년   지금의 광주 무량사로 공부를 하러 떠남.

1219년   14세 되던 해 강원도 양양의 진전사에서 구족계를 받고 출가함.

1225년   몽골의 사신인 저고여가 피살되는 사건이 일어남.

1227년   선불장에서 상상과로 합격함.
         고향인 경산에서 멀지 않은 대구 비슬산(당시 포산)에서 수도 생활을
         시작함.

1231년   몽골의 제1차 침입.

1232년   몽골의 제2차 침입. 고려 정부가 강화도 천도함. 초조대장경 불탐.

1235년   몽골의 제3차 침입.

1236년   문수보살의 현시를 받아 비슬산 무주암에서 깨달음을 얻음.

1237년   비슬산 묘문암으로 거처를 옮김. 삼중대사가 됨.

1246년   선사가 됨.

1247년   몽골의 제4차 침입.

1249년   정안의 초대로 남해에 있는 정림사 주지가 됨.

1256년   남해 길상암에서 『중편조동오위』 집필함.

1258년   무신정권 붕괴.

1259년   대선사가 됨.

1260년   『중편조동오위』를 간행함.

1261년   원종의 부름을 받고 강화도에 감.

1264년   지금의 포항에 있는 오어사, 비슬산 인홍사에서 지냄.

1268년   임금의 명으로 운해사에서 대장낙성회를 주관해서 개최함.

1270년   고려 정부가 개경으로 돌아옴.

1274년   사액을 받아 일연이 머물던 인홍사를 인홍사로 고침.

        충렬왕 즉위. 고려 몽골 연합군 제1차 일본 정벌 실패.

1277년   임금의 명으로 운문사로 옮김.

1278년   인홍사에서 『역대 연표』를 간행함.

1281년   임금의 부름을 받고 경주행재소가 감.

        고려 몽골 연합군 제2차 일본 정벌 실패.

1282년   임금의 부름으로 개성 광명사로 옮김.

1283년   국존으로 추대됨.

1284년   인각사로 내려옴. 인각사에서 두 번의 구산문도회 개최.

1287년   이승휴가 『제왕운기』 저술함.

1289년   인각사에서 입적.

1392년   고려 멸망. 조선 건국.

『삼국유사』원 목차

『삼국유사』는 9편 5권 2책으로 구성되어 있다.

● 권제일卷第一 ●

왕력제일王曆第一

고구려 高句麗

변한과 백제 卞韓百濟

진한 辰韓

또 계절 따라 노니는 별장 又四節遊宅

신라 시조 혁거세왕 新羅始祖 赫居世王

제2대 남해왕 第二南解王

제3대 노례왕 第三弩禮王

제4대 탈해왕 第四脫解王

김알지, 탈해왕 대 金閼智 脫解王代

연오랑과 세오녀 延烏郎 細烏女

미추왕과 죽엽군 未鄒王 竹葉軍

내물왕과 김제상 奈勿王 金堤上

제18대 실성왕 第十八實聖王

거문고 갑을 쏘다 射琴匣

지철로왕 智哲老王

진흥왕 眞興王

도화녀와 비형랑 桃花女 鼻荊郎

하늘이 내려 준 옥대 天賜玉帶

선덕왕이 미리 안 세 가지 일 善德王知幾三事

진덕왕 眞德王

김유신 金庾信

태종 춘추공 大宗春秋公

장춘랑과 파랑 長春郎 罷郎

권제사券第四

의해제오義解第五
- -

자장이 계율을 정하다 慈藏定律

원효는 얽매이지 않는다 元曉不羈

의상이 화엄종을 전하다 義湘傳教

사복이 말을 못하다 蛇福不言

진표가 간자를 전하다 眞表傳簡

관동풍악의 발연수 비석의 기록 關東楓岳鉢淵藪石記

승전의 석촉루 勝詮觸髏

심지가 진표조사를 잇다 心地繼祖

유가종의 대현과 화엄종의 법해 賢瑜珈 海華嚴

나의 고전 읽기 2

우리 고대로 가는 길 삼국유사

ⓒ 이경덕 2006

2006년 5월 10일 초판 1쇄 발행
2014년 10월 5일 초판 9쇄 발행

글쓴이 이경덕
발행인 김영진
기획자문 장철문 김미정
본부장 조은희
사업실장 김경수
편집팀장 김혜선
편집 관리 위귀영
그림 윤기언
북디자인 안지미
디자인팀장 신유리
디자인 관리 김소라
펴낸곳 (주)미래엔 서울 서초구 신반포로321
전화 (미래엔 고객센터) 1800-8900 (팩스) 541-8249
등록 1950년 11월 1일 제16-67호
홈페이지 http://www.i-seum.com
ISBN 978-89-378-4134-7 43900
      978-89-378-4141-5 set

Mirae N

아이세움은 (주)미래엔의 어린이책 브랜드입니다.